PIERRE BARTAY

PRISONNIER DE GUERRE

SÉRIE 13 (IN-4° 3° SÉRIE)

(N° 1328)

« Combien d'heures? » demanda-t-il en montrant le poteau.

BOUGAREL-BOUDEVILLE

PIERRE BARTAY

PRISONNIER DE GUERRE

TOURS

MAISON ALFRED MAME ET FILS

ÉDITEURS

1920

PIERRE BARTAY

PRISONNIER DE GUERRE

I

Pierre Bartay longeait, en se dirigeant vers la place du Havre, un des trottoirs de la rue de Châteaudun, au retour d'une course importante nécessitée par son service.

Depuis quelques mois il avait obtenu le poste désiré, dans la maison qui, seize années plus tôt, avait ouvert ses portes à l'adolescent d'allure timide et d'esprit résolu qu'il était alors.

A cette époque, les difficultés de sa situation avaient fait de lui un laborieux, à l'âge auquel, bien souvent, la course au plaisir, le va-et-vient perpétuel donnent l'illusion de marcher en avant sur la grande route de la vie, tandis que l'on piétine sur place.

La mort du père de Bartay avait tari les ressources de la famille. Sa mère, dont la santé était délicate, avait néanmoins multiplié ses occupations ménagères en y adjoignant quelques travaux d'aiguille. Sa sœur Annette préparait son avenir et devenait une des meilleures élèves de la rue Oudinot. Pierre, en face de tels exemples, n'avait pas estimé qu'il fût, lui, le maître de l'heure: il avait, à l'âge de dix-sept ans, entrepris le *struggle for life,* laissant de côté ses études complémentaires.

A présent, l'aisance d'autrefois rentrait au foyer; quelques placements, dus à une stricte économie, avaient été faits.

Un logis moins étroit abritait cette famille si parfaitement unie, et, grâce à l'augmentation récente obtenue par l'employé, il pourrait profiter de son congé estival pour réaliser son rêve : emmener les deux chères femmes dans un joli coin montagneux, en Suisse peut-être, ou en France, dans cette France dont les touristes nationaux ont mis si longtemps à découvrir la pittoresque beauté.

Puis... après?

Ayant établi le présent, Bartay songeait à l'avenir.

Soudain il fut tiré de ses réflexions par l'arrêt brusque de quelqu'un venant en sens inverse et qui lui barrait le chemin.

En levant les yeux, il vit un homme à peu près de son âge, un ouvrier pittoresque et propre dans sa tenue d'été. Des yeux francs éclairaient une physionomie ouverte, sur laquelle passait une profonde émotion dépourvue de crainte, manifestant plus de sérieux que de joie.

« Eh bien, ça y est! Cette fois, on marche! »

Un peu ahuri par cette apostrophe imprévue, Bartay fixait son interlocuteur, le regard étonné.

« Quoi? » interrogea-t-il, très bref, partagé entre l'idée qu'il se trouvait en face d'un fou ou qu'il allait apprendre quelque événement tragique.

« Quoi! répéta l'ouvrier. Ainsi, monsieur, vous ne savez rien? On est surpris! Quand même, on ouvrait l'œil et les oreilles tous ces jours! Quoi? Eh bien, la mobilisation, pardi!

— La mobilisation! »

Pierre ne broncha pas.

Il eut l'immédiate compréhension de son devoir de Français, sans que rien ne se précisât pourtant dans sa pensée; et, par un choc en retour, il éprouva une sensation d'effondrement. Puis, soudain, il envisagea avec calme la rupture inévitable de ses projets, sans appréhension du danger pour lui-même, sans redouter de voir défaillir le courage de sa mère et de sa sœur. Elles éprouveraient l'une et l'autre la fière douleur qui, fortifiée par l'amour de Dieu et l'amour de la France, ne tolère pas l'abattement.

« Alors, vous ne vous en doutiez pas? C'est drôle! On croyait que ce serait comme les autres fois... On ne s'en faisait pas! C'est triste, la guerre; mais ils nous ont fait trop souffrir, ces Boches de malheur!... Encore, s'ils étaient restés sur leur frontière à faire sécher leur poudre et affiler leurs grands sabres, mais ils se faufilaient partout, ils occupaient des terrains dont ils se croyaient les seigneurs, ils accaparaient les bonnes places et les commandes. C'est fini, pas trop tôt! Pas trop tard, non plus, espérons! Enfin, je vous ai appris la chose?

Les deux bras tendus de sa mère l'attirent vers elle.

— Oui. »

La syllabe tombait mécaniquement des lèvres de Bartay.

Il se demandait, à présent, comment il n'avait encore rien su.

En fait, il avait été absorbé par ses occupations de fin de mois et n'avait pas lu les journaux: il avait eu si peu de loisirs. Hier, cependant, un ami assez informé lui avait dit, en le rencontrant:

« La situation générale se détend. L'Autriche consent à causer avec la Triple Entente. Au fond, Guillaume ne tient pas à la guerre, et il est encore à l'âge où les pères ont la force d'imposer silence aux fils trop turbulents. Si nous franchissons la zone dangereuse de l'expiration du traité de Francfort, ce sera la paix pour longtemps. En réalité, il ne peut y avoir de *casus belli*, puisque les Serbes sont résignés à tout accepter. »

Que s'était-il passé?

Le fait était accompli. L'heure était à l'action. Plus tard on chercherait et on connaîtrait les causes.

Pierre tendit cordialement la main à l'ouvrier et, comme si celui-ci lui eût rendu service, prononça:

« Je vous remercie.

— Oh! c'est tout naturel. Dans des cas pareils on a besoin de parler, et votre tête me revenait. Je ne suis pas méchant, seulement je ne m'entends pas avec tout le monde. Au revoir, monsieur. Si nous ne nous rencontrons pas en face des Boches (et ils seront bien malins ceux qui s'y retrouveront!), au moins nous savons que nous marcherons dans le même sens, et, qui sait? On ira peut-être tous à Berlin! Je ne serais pas le premier de ma famille. On a du sang de soldat dans les veines. »

L'ouvrier s'éloigna, satisfait du bourgeois qui l'avait écouté, et plus content encore d'avoir « épaté » le bourgeois.

Très rapidement Pierre se dirigea vers le plus prochain bureau de poste.

Sans mettre en doute la parole de son interlocuteur, il voulait voir la confirmation de la formidable nouvelle.

L'aspect des gens et des choses ne lui semblait plus le même.

La guerre, qu'il ignorait quelques instants plus tôt, animait les rues et les boulevards de son souffle puissant.

Paris s'éveillait soudain du long rêve des quarante-quatre années de paix qui avaient suivi ses atroces blessures. En quelques instants, une animation inusitée à cette époque de l'année se manifestait dans une atmosphère étrange, électrique. On eût dit qu'un orage invisible se déchaînait sur tous les points.

Les poitrines battaient, haletantes, d'un mouvement respiratoire plus actif et plus fort, mais non désordonné.

Maintenant Pierre écoutait, entendait et recueillait les propos sans ralentir sa marche ; peut-être d'autres, à peu près semblables, avaient-ils déjà frappé son oreille sans qu'il en eût saisi le sens.

Devant le premier bureau de poste qu'il atteignit, à l'angle du boulevard Haussmann, un groupe compact se massait.

Bartay se glissa de côté pour lire l'affiche blanche, si petite, sur laquelle était inscrite cette chose immense : l'appel aux armes ! La mise en branle de toute la nation, la désorganisation de ses foyers.

Il lut enfin les caractères précis de cette redoutable page d'histoire, dont tant de fois il avait entendu conter par les siens la préface : l'année terrible. Il l'avait crue ensevelie pour toujours dans un passé de détresse, glorifié par des noms douloureux et illustres, par des victoires qui s'étaient transformées en défaites, par l'héroïsme de l'armée française écrasée sous les obus allemands. De cet ensevelissement la France sortait enfin.

Derrière Bartay, le groupe devenait foule. Poussé, écarté, il céda sa place, eut quelque peine à se dégager et regagna le milieu du trottoir.

Des gens pressés se croisaient, des femmes couraient. La chaussée, si clairsemée tout à l'heure, s'emplissait de voitures chargées de malles, de valises, de cartons, se dirigeant vers la gare Saint-Lazare ou en revenant tout aussi chargées.

Quelques phrases, jetées d'une portière à l'autre, apprenaient aux passants que les chemins de fer refusaient de prendre les bagages, que l'on faisait queue aux guichets et que les trains partaient bondés.

Ceux qui, par leur situation, avaient été les plus vite informés avaient dû quitter la capitale en renvoyant chez eux les effets empaquetés dès le premier avis.

... Pierre a enfin gagné la rue de Vaugirard où il habite, et gravi les trois étages, au fond de la cour.

Il est fier de partir un des premiers, car il a, présent à la mémoire, l'ordre inscrit sur son livret militaire. Mais il va falloir porter le coup douloureux que supportera sans se plaindre la vaillance maternelle, mais qui aura sa répercussion sur une santé si frêle.

Eh bien ! non, Pierre n'a rien à apprendre... *On* savait déjà.

Les deux bras tendus de sa mère l'attirent vers elle; la voix douce et ferme prononce :

« Tu sais bien, mon enfant, que je ne chercherai pas à ébranler ton courage. »

Puis le soldat de demain embrasse sa sœur Annette.

« Tu pars, toi! Oh! que tu es heureux d'être un homme! »

Tout ce cœur de Française passe dans ces simples mots.

« Tu pars! » Ces deux syllabes avaient soudain déclanché l'émotion si bien contenue de Mme Bartay. L'adieu qui lui apparaissait encore dans l'avenir allait devenir le fait immédiat. Elle réalisa la séparation subite.

La faiblesse physique, vaincue par la volonté, reparut, et des larmes jaillirent de ces yeux qui avaient tant veillé sur l'enfance du fils que le pays réclamait aujourd'hui comme sien, et qui s'étaient ouverts, si vigilants, sur son adolescence.

Elle cacha ses larmes, les refoula. De ce fils, elle avait su faire un homme. Allait-elle faillir devant lui à l'heure même de la plénitude de la tâche accomplie, à l'heure du sacrifice suprême?

Debout, résolue, elle se rejeta tout entière dans le rôle modeste et actif de la ménagère.

« Que faut-il te préparer? »

Pierre donna quelques indications, tout en feuilletant son livret, puis, tirant sa montre :

« Les bureaux sont encore ouverts à la maison, dit-il. Je dois aller rendre compte de la mission qui m'avait été confiée et prendre congé de chacun, mais je voulais vous voir d'abord. Dans deux heures je serai de retour avec les objets qui manquent au mobilisé. »

. . . .

Après sa sortie du cabinet du directeur, où l'accueil avait été des plus chaleureux, Pierre alla serrer la main des partants et de ceux que leur âge ou la réforme retenaient à l'arrière.

On échangeait un adieu que l'on formulait par ce mot moins définitif : « Au revoir. »

Dans le passage assez étroit qui conduisait de la caisse aux bureaux des employés, une porte s'entre-bâilla, une main s'avança timide, une pauvre main osseuse et longue, et une voix tremblante murmura :

« Mon cousin Pierre, vous partez bientôt?

— Demain matin, mon petit.

— Avez-vous une minute à me donner?

— Je t'en avais même réservé plusieurs. »

Le battant s'ouvrit, et Bartay pénétra dans une pièce de dimension restreinte, qu'occupaient presque entière un bureau, deux chaises et un fauteuil de travail. Devant le bureau s'était assis un jeune homme d'âge indéfinissable.

Un visage blême, fendu par des yeux trop petits, voilés de paupières lourdes, une épaule déjetée, rattachée à un pauvre cou d'oiseau plumé, des cheveux pâles et rares, l'aspect étrange d'un vieillard qui ne se serait pas développé depuis l'enfance.

Une détresse profonde passa dans la voix blanche.

« Tenez, Pierre, jamais, jusqu'à ce jour, je n'avais tant regretté d'être un mal venu, un être dépourvu de ces deux beautés : la force et la santé! Je voudrais être grand, robuste et fort, pour donner à la France un soldat qui fût digne d'elle, et pouvoir mourir sur un champ de bataille! Elle est si belle, notre France! Comme il doit être doux de sacrifier sa vie pour son salut, d'expirer les yeux vers le ciel, le christ du chapelet pressé sur sa poitrine! »

Un rayon lumineux irradiait les prunelles, agrandissait les yeux et donnait vraiment à ce disgracié le regard que devaient avoir les martyrs à la torture.

Pierre s'était assis, écoutant. L'enfant continuait :

« J'ai dix-sept ans, l'âge auquel on peut s'engager en temps de guerre, et cette fatale enveloppe d'infirme m'étreint, m'étouffe, me paralyse et m'empêche de me donner à ma patrie. Je suis honteux de moi! »

Pierre était profondément ému : il se trouvait en face d'une douleur imprévue, inconsolable. Il risqua :

« Mon petit Blaise, il y a tant de manières de servir Dieu! Il n'aurait pas créé des hommes de force ou de natures si diverses s'il avait attendu d'eux le même service. Tu es chétif, tu es faible, mais dans ton corps débile vit une âme forte. Les épreuves ne manqueront pas à ceux qui restent en arrière : ils y recevront la leçon de la guerre. A ces journées à la fois calmes et enthousiastes, d'autres succéderont qui amèneront des doutes, des troubles. Au moindre insuccès on criera « à la trahison ». L'armée repoussera *l'ennemi* hors des frontières ou le tiendra en respect. Mais *les ennemis* s'infiltreront à l'intérieur; sois certain que tous ne quitteront pas le sol de la France. Ils distille-

ront le venin du soupçon, de la peur, de la révolte, le venin du bien-être à
outrance, du plaisir malgré tout, de l'appât du gain. Il faudra des gens de
cœur pour batailler contre eux, pour être les porte-parole de la confiance et de
l'espoir. Songe aussi, mon petit, au bien que fait la maison, à celui qu'elle
peut faire encore, et plus que jamais peut-être. Demain elle sera à demi
déserte. Il faudra serrer les rangs, comme on serre les rangs sous la mitraille,
suppléer les manquants.

— C'est juste; mais vous me parlez comme vous parleriez à un vieillard
qui regretterait ses forces perdues. Malgré mon apparence de décrépitude, un
sang tout jeune brûle mes veines... et je reste! »

Un sanglot, étouffé d'abord, éclata soudain, comme un cri de désespoir.

« Ah! mon pauvre enfant, pleure si cela te soulage. Toi, tu as le droit de
pleurer! »

Pierre songeait à sa mère et à sa sœur. Celles-là avaient le devoir de
refouler leurs larmes, car elles eussent pleuré sur leurs propres souffrances.
Lui, Blaise, pleurait, parce qu'il ne pouvait pas s'offrir lui-même en sacrifice.

« Toi, tu as le droit de pleurer! »

Ces mots étaient sortis spontanément des lèvres de Bartay; à présent, il les
regrettait, peut-être n'avait-il pas été compris. Il l'eût tant souhaité!

« Écoute-moi, » dit-il à Blaise en lui prenant les mains.

Et, sachant bien que se rétracter serait aggraver le mal, il reprit :

« Je te laisse une mission de confiance : tu iras souvent dîner avec ma mère
et ma sœur; tu causeras avec elles, tandis que le soir elles tirent l'aiguille; tu
leur feras une lecture; elles te montreront mes lettres, et tu m'écriras tout ce
que vous aurez dit ensemble. Ainsi nous serons quatre au lieu de trois. Vous
vous sentirez plus forts en vous réunissant. Tu as les mêmes dispositions que
ta cousine pour les études historiques; vous chercherez les analogies entre le
présent et le passé, vous rapprocherez les faits, les événements, les caractères,
et vous me montrerez, au retour, le résultat de vos travaux. Tu me le pro-
mets? »

Les doigts étiques serraient la robuste main de Pierre.

« Où rejoignez-vous? interrogea Blaise après un long silence.

— A Lille. Je ne suppose pas que nous y restions longtemps. Nous redes-
cendrons au sud pour obliquer vers l'est: telle est ma conviction. »

Blaise avait secoué la tête; puis, tenant toujours la main de Pierre dans la

sienne, il se leva. Mal étayé sur sa jambe gauche, claudicant, il désigna de ses
doigts libres une carte de France suspendue au mur :

« Approchez et regardez. »

. De l'index, il suivit un large tracé violet infléchi du nord-est au sud-ouest,
allant de Liége à Paris.

« Eh bien? » demanda Bartay, qui depuis longtemps n'avait pas ouvert
un atlas.

L'index glissa au côté gauche de la carte.

Une bande, également violette, portait cette inscription : *voie ou zone d'invasion.*

« Par là?

— Oui, par là. Mon cher grand cousin, vous étiez assuré de servir la
France le jour où elle aurait besoin de vous, et vous attendiez l'appel. Vous
aimiez et pratiquiez les sports, qui combattaient en vous l'engourdissement du
sédentaire ; mais vous lisiez surtout les critiques littéraires, et peu les journaux
et les revues militaires. Moi, je ne devais pas être appelé. Je suivais, avec
un intérêt fébrile, les articles du général Maitrot; j'avais lu l'ouvrage de
Bernhardi. Je n'ignorais rien de ce que l'on prévoyait, redoutait ou espérait.
La grande attaque viendra par la Belgique.

— Oh!

— N'en doutez pas. Notre Lorraine est hérissée de forts jusqu'à l'obstruc-
tion; elle ne peut laisser passer que des armées de nombre inférieur. On a été
au delà même des plans de Séré de Rivière, qui voulait faire des passages de
la Champagne et de la Meuse une souricière dont la trappe se fût refermée
après le passage de l'ennemi. Je ne suis qu'un pauvre petit atome, mais je
vibre. Dans mon impuissance, je cherche partout les raisons d'espérer, et là
où je ne découvre que des alarmes, je m'en remets à Dieu, qui a suscité sainte
Geneviève et Jeanne d'Arc!

— J'ignorais tout cela! »

Pierre se jetait à lui-même ce reproche, brutalement.

Blaise reprit :

« A Paris, on est emporté par le courant de l'existence. En province, dans
les campagnes, peut-être a-t-on été averti plus bruyamment. Ici, les nouvelles
glissent comme des sous-marins dans l'onde. Sans nul doute, le tocsin aura
retenti et les tambours auront résonné. Ici, seulement les petites affiches
blanches. »

Les yeux de Pierre restaient fixés sur le tracé violet.

« Ainsi, prononça-t-il, nous serons plus vite à l'honneur. Que de surprises dans cette guerre qui éclate sous le ciel à peine embrumé de la vieille Europe ! Tu étais dans le vrai, toi, petit ami. Nous n'y pensions pas assez. »

Des coups retentirent à la grande horloge.

L'index glissa au côté gauche de la carte.

Je suis en retard, Blaise. Je dois à ma mère et à ma sœur mes dernières minutes.

« Vous m'écrirez ?

— Oui, à deux conditions. La première, c'est que tu porteras chacune de mes lettres rue de Vaugirard ; la seconde, c'est que tu supprimeras, en me répondant, ce « vous » déplaisant entre cousins. Je te l'ai souvent demandé.

— C'est que...

— C'est que tu me trouves trop vieux pour ne pas me traiter comme une sorte d'oncle ?

2

— Oh ! non. C'est que je me sens être une si petite chose... Surtout maintenant.

— La petitesse extérieure n'est rien. Tu vas grandir dans une sphère modeste, mais ton accroissement sera utile. Considère-moi comme ton grand frère, Blaise. Nous partagerons l'affection d'une mère et d'une sœur. Embrassons-nous comme des hommes vaillants qui vont chacun où un devoir différent les appelle.

— Est-ce que je ne pourrai pas vous... te revoir encore demain ? »

Pierre allait dire non, il préférait restreindre les adieux ; mais le tutoiement l'avait attendri, et d'ailleurs il n'eût pas estimé virile cette épargne d'émotions.

« Si. Demain, 8 heures du matin, à Notre-Dame-des-Victoires. »

II

Dans l'église aux murs sombres, aux vitraux rares, dont l'autel de la Vierge est le foyer lumineux, le défilé des fidèles n'avait pas cessé depuis l'ouverture des portes à l'heure de la première messe.

Nulle de ces femmes douloureuses ne s'en allait sans consolation, nul de ces hommes résolus ne s'éloignait sans éprouver, dans son âme soudain devenue guerrière, la force de la paix intérieure.

Depuis quelques heures, Paris semblait partagé entre l'affolement des départs incohérents et la noble acceptation des heures tragiques.

A la sainte table, c'étaient de perpétuels agenouillements de mobilisés, jeunes gens ou chefs de famille. Ils formaient une garde d'honneur, toujours renouvelée, autour de la Vierge des Victoires, dont la statue se profilait au centre des *ex-voto,* chevaleresque panoplie évoquant l'époque de foi et de fidélité où les chrétiens de la France choisissaient Marie pour la Dame suprême de leur pensée.

En arrière se tenaient ceux qui restaient.

Sous le porche, le flot des sortants se heurtait aux arrivants.

La dernière obole du soldat pour les vieillards, les enfants, les malades, l'obole des forts pour les faibles, retentissait de coups secs, métalliques, ininterrompus, dans les bourses posées sur les prie-Dieu, et les « merci » des religieuses et des dames de charité prenaient l'intonation, l'émotion d'un adieu à ceux qui allaient au-devant de la mort pour le Christ et la patrie.

Sur la place, des groupes se formaient, se séparaient et s'éloignaient, animés et pourtant recueillis.

En suivant la rue Notre-Dame-des-Victoires, pour gagner le métro,

Mme Bartay s'appuyait tendrement au bras de Pierre; mais, dans ce geste, il n'y avait rien de l'étreinte désespérée de la mère qui veut retenir son fils près d'elle.

On remarquait ce même geste maternel dans presque tous les groupes.

Aux Romaines des catacombes, à la mère de saint Symphorien, ces chrétiennes étaient rattachées par le lien sacré de la foi et du sacrifice.

Sur la place de la Bourse, les va-et-vient sont plus mêlés, la foule plus dense.

Une femme entre deux âges, vêtue avec une élégance criarde, s'accroche à un grand et superbe garçon d'allure dégingandée, la mine irrésolue et défaite.

Elle se lamente très haut et proteste :

« Les prendre tous, comme s'il n'y avait pas dans les régiments assez de soldats! Les médecins n'ont de pitié pour personne... »

Elle s'est tue sous les regards irrités de la foule.

Puis, soudain, elle aperçoit Blaise, et ses récriminations bruyantes se transforment en une apostrophe imprévue :

« En voilà un qui ne partira pas! Il restera à l'ombre quand les autres grilleront; au coin du feu quand les autres gèleront. Veinard! En a-t-elle une chance, sa mère! »

Blaise, les dents serrées, les poings crispés, s'est retourné.

Sa timidité, tout à coup, s'est dissipée sous la poussée de l'indignation. Il réplique :

« Ma mère est morte, madame! Et si elle vivait, elle pleurerait de n'avoir pu donner un soldat à la France! »

III

« Eh bien, sergent, vous faites la veillée des armes? Moi, je me couche. Quel fourbi! Et tout à recommencer demain! »

Pierre interrompit sa marche de la porte à la fenêtre, qui exacerbait les nerfs du caporal fourrier, son compagnon de chambre.

« Trébian, vous exagérez. »

Prenant un ton de franche camaraderie, il reprit :

« Je marche pour lutter contre le sommeil qui me gagne et par lequel je veux pas me laisser vaincre. Je veux écrire ce soir « chez moi »; demain, je n'en aurai pas le temps. Quant à recommencer le travail d'aujourd'hui, dites que nous le continuerons. Il ne laisse rien à désirer. Et même...

— Sergent... Très bien! Nous continuerons! Vous savez..., je m'endors... »

Un ronflement suivit de près cet avertissement.

« Un bon garçon, le fourrier Trébian, quoique un peu buté. Surpris dans son existence régulière et monotone, la fatigue est plus forte pour ce bureaucrate invétéré que pour d'autres. Mais dans quinze jours, il sera aussi alerte que les camarades. Il dort si bien, mon fourrier! La tentation me vient de l'imiter; mais ce serait retarder de vingt-quatre heures la seule satisfaction que je puisse donner aux miens. »

Pierre fit de son mieux pour caler la table aux pieds inégaux et installer un bureau de fortune. Tirant son stylographe, il tassa son écriture, un peu large, sur de modestes feuilles de papier quadrillé.

« Chère mère, ne guettez-vous pas déjà le facteur? Je vous supplie de compter beaucoup plus sur la Providence que sur mon exactitude. Dites-vous bien, lorsque vous ne recevrez pas de lettre : Pierre est parti en emportant Dieu dans son cœur; quoi qu'il arrive, aucun mal ne peut l'atteindre. Je n'aurai pas l'occasion de pécher, je me conserverai tel que je vous ai quitté. Donc, point d'alarmes pour... la grande chose.

« Les circonstances de la guerre déjoueront tous mes calculs; aussi je trouve plus sage de ne pas vous écrire tous les jours. Je causerai avec vous en pensée, à toute heure; et ne croyez-vous pas que ce soit, d'âme à âme, la plus exacte des correspondances?

« Ne perdez rien de votre belle force d'hier. Vous savez où en est la source. J'ai été fier de vous. Vos adieux m'ont laissé une impression de confiance et d'énergie.

« Quoi que vous appreniez, ne vous laissez pas abattre. Jamais la France ne fut écrasée deux fois de suite.

« A peine m'aviez-vous quitté, raisonnables et courageuses, que j'ai pris à pied la direction de la gare du Nord. J'avais largement le temps. Les voitures étaient pleines de mobilisés qui, pour la plupart, avaient passé la nuit en chemin de fer; moi, j'avais dormi dans mon lit du sommeil de Condé à Rocroy. Je ne devais pas faire concurrence aux plus fatigués, et je voulais voir l'aspect de la capitale en cette matinée historique.

« Un détail en passant, tout à l'éloge du peuple de Paris. Les cochers, souvent des automédons improvisés (beaucoup rejoignaient déjà), recevaient de la part des civils des offres de pourboires tentateurs; ni eux ni leurs confrères de taxis ne cédaient à l'appât du gain. Ils se considéraient comme enrôlés au service de la mobilisation. Pour obtenir qu'ils vous transportent, il fallait faire ses preuves.

« Arrivé dans le grand hall, où je prenais place dans le long monôme qui serpentait vers le train, je vis s'ouvrir la porte d'une salle d'attente.

« Des sœurs de Saint-Vincent de Paul et des dames de la Croix-Rouge en sortirent une à une, leur petit paquet à la main, et se rendirent sur le quai. La foule s'écartait sur leur passage; un cri unanime les salua.

« Peut-être, devant cette apparition, plus d'un a-t-il senti, comme moi, ses nerfs tressaillir... et songé au fameux mot de Turenne : « Tremble, carcasse! »

« Envisager toutes les conséquences de la guerre : blessures, mutilations, longueur des nuits d'abandon sur le champ de bataille, n'est ni lâcheté ni faiblesse, mais l'humaine acceptation du sacrifice uni à celui du Christ des Oliviers, qui a divinisé la souffrance et l'agonie, mais ne les a point détruites.

« Il adviendra de nous ce que Dieu voudra. Les âmes croyantes grandissent dans l'épreuve.

« Le train était bondé. Nul désordre, une camaraderie de Français qui se retrouvent après une longue absence. Je ne suis pas de ceux qui écrivent à la portière des compartiments : « Train de plaisir pour Berlin! » mais je ne blâme pas cette audace de jeunesse.

« Nous vaincrons, parce que nous avons pour nous la justice qui est le glaive de Dieu. Seulement nous ne vaincrons pas du premier coup ni sans de terribles difficultés.

« La camaraderie ne nuisait pas à la discipline quand elle allait de l'homme ou du gradé à l'officier; elle se manifestait tout amicale quand elle allait de celui-ci à celui-là.

« J'ai noté le joli geste d'un tout jeune sous-lieutenant, à l'âge où le premier galon fait naître tant d'orgueil. Il s'était mêlé aux troisièmes classes, et accepta avec un remerciement aimable la cigarette que lui offrait, gauche et troublé, son voisin, oublieux des habitudes militaires. La physionomie un peu sombre de l'homme s'est éclairée d'un sourire, et les lèvres, jusque-là fermées, se sont ouvertes pour chanter la *Marseillaise*, entonnée au départ du train, répétée sur le quai.

« L'hymne national n'était ni menaçant ni farouche. C'était le chant d'allégresse de ceux qui se glorifiaient d'être les premiers appelés au service de la France. Néanmoins on sentait, au frémissement des voix, qu'elle sortirait terrible de toutes ces poitrines à l'heure des charges héroïques ou des défenses acharnées, qu'elle serait l'arme de la bouche, comme la baïonnette est l'arme du bras.

« Que de mouchoirs s'agitent au passage de notre train!

« On chante encore jusqu'à la sortie de Paris; on chante aux fenêtres et tout au long des voies.

« Le dernier refrain vient de résonner, puis de s'éteindre. Alors on cause.

« Ceux qui arrivent de loin ont beaucoup à conter aux Parisiens. J'écoute. D'ailleurs, je n'ai d'autre récit à faire que celui de nos chers adieux après les dernières heures d'intimité douce, et je le garde pour moi.

« Plusieurs étaient venus dans des trains fleuris, traînés par des locomotives empanachées de hauts feuillages. Aux stations, on offrait des bouquets, des gerbes. Les rosiers, dans toutes les contrées, ne devaient plus porter une seule rose.

« — Comme aux batailles de fleurs que l'on *écrit* dans les journaux, vous savez, monsieur. »

« Je profite de l'occasion pour me présenter :

« — On ne m'appelle pas monsieur, on m'appelle sergent.

« — Oh! un gradé! Allons, tant mieux! vous avez l'air d'un chic type! »

« Le compliment m'a enchanté, et je ferai tout pour être à la hauteur de l'épithète. A moins d'avoir affaire à cette espèce d'hommes que l'on appelle au régiment des « pratiques », il est si facile à un sous-officier d'être un « chic type » !

« L'entretien ne tarit pas; il est varié, distrayant. C'est fort heureux, car la route est singulièrement allongée par de fréquents arrêts, surtout par les garages sur les voies latérales. Les trains de l'active nous dépassent de plein droit; leur floraison d'uniformes laissait derrière elle notre terne tenue civile, que tous nous avions hâte de quitter.

« Nous, soldats d'hier et de demain, nous saluons au passage ces soldats d'aujourd'hui par un vigoureux

Allons, enfants de la patrie !...

. . . .

« Enfin nous stoppons dans une gare, une petite gare piquée dans un paysage de monotonie un peu triste, malgré la saison estivale.

« Sur le quai, des femmes jeunes et vieilles, femmes du peuple pour la plupart, des enfants, garçonnets vite élancés sur les marche-pieds, fillettes aux longs cheveux ébouriffés par leurs courses d'un wagon à l'autre, nous offrent du thé, du vin, du sirop mêlé d'eau fraîche.

« — Vos quarts! Passez vos quarts, pour qu'on les remplisse ! »

« Et, du dedans, l'on s'agglomère aux portières, les bras tendus.

« Des vieux sont rangés au long du jardinet de la station, assis sur des bancs improvisés. Les plus ingambes viennent nous serrer la main.

« La même pensée se traduit par le chiffre fatidique :

« — 70!... Souvenez-vous de 70!... Que nous ne revoyions pas les casques à pointe, nous qui ne pouvons plus tirer dessus!... »

« Un vieillard, amputé d'un bras, se lève en agitant son chapeau :

« — J'avais toujours espéré aller rechercher *l'autre* à Berlin! Les enfants, vengez-nous! »

« Le train s'ébranle. Nos remerciements se perdent dans un immense cri
de : « Vive la France ! »

« Nous continuerons à voir défiler les trains d'uniformes. Voici, en effet,
des locomotives fleuries, menées par des mécaniciens tout noirs, qui semblent
dévorer l'horizon de leurs yeux enflammés, comme leur machine dévore
l'espace. Ces hommes fournissent un travail surhumain, tandis que les gardes-
voies, armés de vieux fusils, possédant à trois ou quatre les différentes parties
d'une tenue militaire, nous regardent, immobiles, soldats figés dans leur attitude de vigilance, qui maintiennent en sécurité, jusqu'au front, les combattants.

« Et, ici, maintenant, nous voici tout équipés : le manchon au képi, l'arme
fourbie, la poudre sèche. Qui de nous ou des Allemands la fera parler plus
haut ?

« Allons, mes chéries, mères et sœurs, je vous dis au revoir. Je vais m'étendre
sur ce lit de caserne, souvenir de ma jeunesse. Le sommeil ne viendra pas, je
crois ; mais votre Pierre est las, las, et il doit au pays toutes ses forces.

« Je vous embrasse du fond du cœur.

« Votre vieil enfant respectueux et grand frère dévoué.

                                                    « PIERRE. »

« P.-S. — Surtout veillez sur Blaise, ne le laissez pas à son isolement.
C'est un noble cœur ; ne cessez pas de lui dire qu'il pourra sur l'arrière « beso-
gner » autant que nous autres sur le front. Écrivez-moi tout de suite si vous ne
l'avez pas encore fait. Dans deux jours, nous serons prêts, et où irons-nous ? »

Comme Bartay l'avait prévu, son régiment de territoriale, vivement équipé,
s'embarquait, le troisième jour de la mobilisation, à la gare de la Madeleine et
était dirigé vers le sud pour une destination inconnue.

Déjà l'allure des hommes avait changé. Le port de l'uniforme et des armes
avait fait renaître en chacun d'eux l'esprit militaire.

Ces territoriaux, qui laissaient pour la plupart le foyer qu'ils avaient fondé,
réalisaient maintenant avec plus de sang-froid la gravité de la situation.

Tous étaient résolus à accomplir leur devoir, nul ne fléchissait sous le poids
des préoccupations de l'arrière ; mais l'enthousiasme de la première heure, qui
avait jailli sous le coup brusqué de la déclaration de guerre, s'était transformé
en ferme décision de combattre, coûte que coûte, pour la défense du sol sacré.

Les roses dont on les avait couverts étaient effeuillées ; les robustes rameaux verts subsistaient toujours.

On chantait moins, on discutait les nouvelles publiées par les journaux, parcourus en hâte et passés de main en main.

. . . .

Le lendemain du départ de Lille, à l'aube, le régiment descendit sur le quai de débarquement de la gare de Maubeuge.

On avait atteint le terme, jusque-là inconnu ; les officiers en instruisirent les hommes par compagnie. La territoriale devait coopérer à la défense de la place.

Bartay revit en pensée la carte murale sur laquelle le long doigt osseux avait suivi la ligne violette. Et le doigt de l'infirme s'était arrêté sous le nom de la ville qu'il venait défendre. *On les attendait...*

A côté de Pierre, quelqu'un prononça lui aussi :

« Peut-être a-t-on trop élargi, en Lorraine, les ouvrages de Séré de Rivière ; la digue fait déborder les eaux : l'ennemi refluera en Flandre. »

D'autres murmuraient :

« Nous sommes partis de chez nous pour reprendre l'Alsace et la Lorraine. La Belgique est pourtant neutre ; pourquoi nous arrête-t-on là ? »

Le travail d'installation imposa silence à tous.

Les territoriaux avaient à se mouvoir au milieu d'une masse compacte, formée par un autre régiment des leurs, quatre d'active, dont deux coloniaux, et les troupes d'artillerie de forteresse.

Au bataillon de Pierre échut la défense du secteur est et du fort de Chèvre-Source.

L'œuvre que Séré de Rivière avait entreprise, après les fortifications de la frontière lorraine, prévoyant que l'invasion pourrait s'étayer sur la forfaiture, était restée inachevée. En France, on croit toujours à la loyauté de l'ennemi.

Le vieux bastion avait néanmoins reçu l'adjonction d'une tourelle blindée, armée de deux canons de 155 soutenus par quelques mitrailleuses.

On attendait la ruée qui devait se produire dès que l'héroïque Belgique, débordée, ne pourrait plus la contenir.

IV

« Mon cher grand,

« Ma mère et moi avons résisté à la tentation de t'écrire aussitôt après ton départ. Nous eussions aimé à tromper ainsi les débuts de la longue, si longue attente, à peine commencée ; mais nous t'avons promis d'être fortes et de ne pas excuser nos faiblesses sous le prétexte de multiplier les preuves d'une tendresse dont tu connais toute la profondeur.

« Nous lisons les journaux avec un peu de fébrilité.

« Nous avons une foi absolue dans l'heure décisive, l'heure de Dieu ; mais aussi nous envisageons les revers qui sont, parfois, le prélude des victoires, et par lesquels nous les achèterons sans doute. Parlons des réalités immédiates, celles de notre petite sphère modeste.

« Après nos adieux, si discrets que nous n'avons provoqué ni curiosité ni attendrissement, nous avons suivi pendant quelques minutes le même chemin que Blaise. Je lui parlais, cherchant à le distraire : il souffrait. Autour de nous les réflexions se multipliaient. On le regardait, et son émotion s'accroissait. Une phrase nous est parvenue :

« — Pauvre gosse, il en a plein les yeux !... et l'on voit que ce n'est pas du truqué. »

« Celui qui parlait avec tant de justesse de pensée et d'incorrection de langage était un homme à moustaches blanches, quelque vieil employé sans doute, portant le ruban de 70. Il sortait d'une station du métro, la démarche un peu lassée. J'ai eu l'impression qu'il venait de quitter de rudes garçons, ses fils, et que sa fierté paternelle plaignait sincèrement le petit infirme.

« Déjà, depuis ton départ, Paris a changé d'aspect; la circulation diminue par le fait des réquisitions et de la merveilleuse avance de la mobilisation.

« Quant aux paroles que l'on saisit à la volée dans la rue, ce sont des bruits contradictoires, des exagérations dans les deux sens. Le vrai Parisien circule avec plus de calme et parle moins : il n'annonce pas nos insuccès et se tient en garde contre de trop éclatants et trop rapides triomphes. »

. . . .

« Je reprends ma lettre interrompue.

« Les Français en Alsace! Voilà ce que je viens d'apprendre, en l'espace d'une course de dix minutes dans le quartier. On s'abordait, sans se connaître, pour se féliciter.

« C'est si beau, si prompt! L'on s'extasie.

« Dans mon élan d'enthousiasme, je me préparais à ressortir pour aller chercher *mon* drapeau.

« — Où vas-tu? » m'a demandé ma mère.

« Et, sur ma réponse, elle a fait un geste de dénégation.

« — Attends!

« — Comment! vous ne voulez pas que je pavoise la fenêtre de *notre soldat* en l'honneur de la première victoire française? »

« Et j'ai senti que ma voix devenait dure, quand, n'obtenant pas de réponse, j'ai posé la question :

« — Pourquoi?

« — Parce que je me souviens de Saarbruck. On a pavoisé pour Saarbruck, et le lendemain ce fut Wissembourg, Rezonville, Reichshoffen.

« — Des noms glorieux.

« — Oui, mais des défaites qui ont ouvert les portes à l'invasion. Je ne veux pas que tu pavoises encore. »

« La voix de ma mère était très nette.

« Te rappelles-tu, frère? A certains jours, nous nous sommes irrités, impatientés contre ces souvenirs, dont, prétendions-nous, on attristait notre jeunesse, et nous tâchions de clore l'entretien par ces mots : « On ne reverra jamais cela! »

« Beaucoup d'autres, de notre génération, ne croyaient plus à la guerre, mais tous nous lui avons fait beau visage.

« Je sentais qu'il fallait céder à la volonté maternelle; j'ai reposé mon chapeau, mais en discutant.

« — Cette fois-ci, ce ne sera pas du tout la même chose. Nous avons une armée plus nombreuse, songez, le pays tout entier! et si continuellement exercée!...

« — Et que crois-tu donc qu'était l'armée de 70, mon enfant? Elle était

On le regardait, et son émotion s'accroissait.

moins nombreuse, mais en proportion avec celle de l'ennemi, très exercée, puissamment encadrée. Elle faisait moins de manœuvres, mais elle avait guerroyé partout, et ses drapeaux étaient couverts des noms de ses victoires récentes; elle ne croyait pas à la défaite. L'Allemand a reconnu depuis que la chance l'avait servi, et non l'infériorité de l'adversaire; ses triomphes l'ont étonné autant qu'ils nous stupéfiaient. Que l'armée d'aujourd'hui la venge, elle ne la dépassera jamais en courage et en abnégation! »

« J'ai été embrasser ma mère.

« — Eh bien, lui ai-je dit, nous pavoiserons quand celle-ci aura vengé celle-là !

. « — Attendons. Peut-être a-t-on trop glorifié nos défaites. Nous nous sommes déshabitués de la pensée que la France *devait* être victorieuse, et cependant nos héros méritaient l'admiration. »

« J'ai repris :

« — Donc, la seule solution, c'était celle que nous attendons depuis plus de quarante années : la revanche ! et nous l'aurons ! »

. . . .

« Frère, j'ai remis un peu d'ordre dans ta chambre, après ton départ rapide. C'est chez toi que Blaise travaillera. Hier il est venu me dire que, dans la maison, on l'encourageait fort à préparer des notes historiques qui, après correction expérimentée, pourraient former un volume. Il ne faut pas lui laisser le temps de pleurer.

« Demain, je ferai les premières démarches pour suivre le cours de la Croix-Rouge le plus rapproché de nous. Comme le pauvre Blaise t'enviait à l'heure du départ, moi aussi j'enviais ces femmes que tu as vues quitter Paris avec les premiers trains de soldats. Si je m'étais créé les loisirs nécessaires pour commencer mes études, je serais, moi aussi, mobilisée. Mais aurais-je pu laisser seule notre chère maman? Je trouverai aisément à soigner les blessés à Paris même.

« Mon devoir filial se double du tien. Je redoute de n'avoir que trop de loisirs involontaires. Les leçons manqueront. Absence des élèves, et absence prolongée. J'accepterai tout travail nécessaire, utile aux grands rouages sociaux, puisque je ne puis aller au front aider nos soldats à vivre... ou à mourir. Il faut que chacun se façonne une âme de guerre.

« L'exode continue. Peu de gens avouent qu'ils veulent augmenter la distance qui les sépare des armées ennemies. On met en avant la santé des enfants; pourquoi rompre avec les habitudes de villégiature estivale?

« Je blâme franchement tous les départs qui prennent une allure de panique et qui peuvent impressionner ceux qui sont obligés de rester dans la zone périlleuse.

« La peur est le plus contagieux des maux, et du haut en bas de l'échelle sociale, chacun est toujours un exemple pour celui qui est placé en dessous de lui. »

« Si nous sommes fiers de toi, mon cher grand, il faut que tu le sois des deux modestes femmes qui te tiennent de plus près.

« C'est ma mère qui écrira notre prochaine lettre. Nous avons décidé d'alterner nos missives, afin de t'éviter les répétitions monotones; nous serons toujours ensemble pour t'embrasser et penser à toi.

« Ta sœur bien tendre,

                                                   « ANNETTE. »

V

·Un matin, Pierre était debout au rebord de la tranchée, que l'on achevait rapidement de creuser, sur une ligne unique de trois cents mètres, face à la voie que suivrait l'ennemi pour investir la place forte. A cent cinquante mètres en arrière, des batteries de 120 et de 155 long soutenaient la défense par roulement. Deux compagnies de territoriale devaient occuper la tranchée, et la troisième fournir le service des avant-postes; la quatrième gardait l'intérieur du fort.

Le sergent, tout en surveillant le travail et en stimulant l'ardeur de ses hommes, considérait les ouvrages de défense qui couvraient le secteur.

Un bruit de voix le fit retourner, et aussitôt il rectifia la position.

Trois officiers, deux capitaines d'infanterie et un lieutenant du génie, venaient de s'arrêter à quelques pas de lui. L'entretien portait sur l'organisation de la défense. Sans chercher à écouter, Pierre, de la place qu'il occupait, entendait tout. Il était à son poste et ne recevait pas l'ordre de s'éloigner.

La situation était grave. Chacun, quel que fût son grade, portait un poids lourd de responsabilités.

Une phrase, martelée par la voix ferme et très nette de l'officier du génie, impressionna tout spécialement Bartay.

« Chacun de nous doit agir avec la même tension de volonté que si la défense du pays reposait sur lui seul. »

Les deux capitaines s'éloignèrent. Le lieutenant inspectait la tranchée. Les talons joints, Bartay guettait un ordre ou une interpellation.

L'officier s'absorbait dans son examen méticuleux, avec, parfois, le geste qui dénote l'appel à la mémoire : il passait et repassait en silence, ne voulant pas sans doute troubler ses impressions personnelles. Alors Pierre quitta son attitude immobile et, s'étant aperçu qu'un des travailleurs faiblissait, il lui prit la pioche des mains et lui dit de s'asseoir ; mais bientôt ce labeur, auquel il n'était pas habitué, l'échauffa au point qu'il écarta largement sa tunique et plaça son képi à terre.

« Reposez-vous encore, » ordonna-t-il au soldat, qui se relevait pour reprendre la pioche, le visage contracté.

Le choc des instruments, la fatigante occupation empêchaient Pierre de rien percevoir ; enfin cet appel frappa son oreille :

« Sergent ! »

C'était bien la voix nette et ferme qu'il avait déjà entendue. Il se redressa, la main renversée au front, puis la laissa retomber sur l'instrument.

Il vit alors que sa médaille-scapulaire débordait entre sa chemise de flanelle et sa tunique ouverte.

Il eut un instant d'hésitation. Allait-il, par un mouvement prompt, la dissimuler en rectifiant sa tenue devant un supérieur ?

Mais aussi n'y aurait-il pas là une fausse honte du port ostensible de l'emblème religieux ?

Sa résolution s'affirma soudain dans l'éclair de la pensée.

Il laissa sur le sommet de la pioche ses deux mains jointes, attitude qui expliquait le léger manquement à la discipline.

L'image bénie demeura visible. L'œil brillant et clair de l'officier avait tout observé, et son regard expressif n'apporta aucun trouble dans l'esprit de Pierre.

« Pourquoi, vous, gradé, faites-vous la besogne d'un homme de corvée ? »

L'interrogation était autoritaire, mais sans dureté.

Le visage du territorial se contracta davantage ; il craignait une punition.

Bartay répondit franchement :

« Mon lieutenant, cet homme avait besoin de repos, et il était bon que je me fisse la main. Peut-être n'y a-t-il pas ici trop de bras en comptant ceux des gradés. »

Un sourire détendit les lèvres de l'officier.

« Nous tous, dit-il, qui ne sommes plus de l'active, nous avons à nous refaire la main. »

Et, se tournant vers le soldat :

3

« Votre nom? »

Un tremblement passa dans tous les membres lassés.

« Jérôme Harnouy, mon lieutenant.

— Votre pays?

— Magny-en-Vexin.

— Profession?

— Cultivateur.

— Vous avez l'apparence bien chétive pour un terrien.

— Je n'ai jamais été robuste, mon lieutenant.

— Marié?

— Et père de quatre enfants.

— Je ne vous fais pas peur? Vous frissonnez. Êtes-vous malade? »

Harnouy baissa le front et murmura :

« Non, mon lieutenant. Vous ne cherchez pas à me faire peur, et je ne *peux* pas dire que je sois malade.

— Que *pouvez*-vous dire, alors? »

Un silence...

Des larmes jaillirent, la tête se porta violemment en arrière, les doigts frottaient les paupières.

Le lieutenant considérait cette manifestation de faiblesse morale, attendant ce qui allait suivre, avec le regard plein d'acuité de l'algébriste qui cherche la solution d'un problème, mais aussi avec une pitié qu'il ne voulait pas laisser ouvertement transparaître avant d'être plus éclairé sur la sincérité de cette apparente souffrance.

Puis, sans préambule :

« Dites-moi carrément ce qui cause votre peine.

— Je m'en veux de pleurer devant vous, mon lieutenant, et devant le sergent. Cela me fait mal voir. Vous me trouvez lâche?

— Il y a des braves qui pleurent, et des lâches qui ont les yeux secs; néanmoins un soldat doit éviter de verser des larmes.

— Eh bien! c'est pour les miens que j'ai du tourment... *Ils* ont besoin de moi... Si je suis tué ou que je revienne estropié?... Puis *elles* se lamentent sur la misère, la mère et la femme.

— C'est triste, mais c'est aujourd'hui la loi commune; toutes les familles sont touchées, leurs soutiens sont appelés à l'armée. On veillera à ce que rien ne manque à ces déshérités. Aux allocations votre femme peut-elle ajouter quelque gain?

— Quatre petits, le cinquième en route, ma belle-mère trop vieille pour l'aider, et nous ne sommes pas chez nous! Quand j'y pense, je sanglote comme un enfant. Je me retiens; seulement il y a parfois des larmes qui glissent malgré moi, comme tout à l'heure. Cela me vexe aussi, parce qu'il y a des camarades qui s'en sont aperçus et qui me tarabustent. Oh! ce n'est pas le sergent. Quand il m'a vu tomber en faiblesse, il m'a fait reposer. »

Le lieutenant regarda Pierre.

« Je ne doute pas de lui, » prononça-t-il; et, tirant un carnet de sa poche, il détacha le crayon.

« Donnez-moi l'adresse de votre femme. Je connais quelqu'un qui, certainement, lui viendra en aide.

— Là-bas? au pays?

— N'importe. Je vous certifie qu'on ira souvent la visiter et veiller à toutes les nécessités de la famille. »

Jérôme s'était rapproché et suivait naïvement des yeux le tracé du crayon.

« A présent, reprit l'officier, refaites-vous une âme de soldat. Tous nous sommes à la merci du moindre accident en temps de paix. En temps de guerre, on a l'avantage de n'être pas surpris, on met plus souvent sa conscience en règle... Vous croyez en Dieu? »

La réponse fut longue à venir. Enfin :

« On entend dire des choses contre et puis pour les curés. On ne sait pas au juste qu'est-ce qui a tort ou raison. Moi, je ne leur en ai jamais voulu... Ce n'est pas que je sois de ceux qui aillent à l'église. Tout de même, les enfants ont été baptisés... Puis, voilà... »

« Puis, voilà... »

N'était-ce pas l'histoire de tant de gens figés dans l'indifférence? Les hommes allaient marcher à la mort qui, sous leur humble toit, la sentant venir, eussent reçu volontiers la visite du curé.

Mais cette armée de 1914 n'était-elle pas semée de prêtres? Elle les comptait par milliers dans ses rangs.

Dieu déjouait les projets de ceux qui avaient cru détruire la religion en enlevant les ministres à l'autel pour en faire des soldats.

Avant la victoire sur l'ennemi du dehors, la religion triompherait de l'apathie et de la haine au dedans.

« Vous n'êtes pas loin de la foi, reprit l'officier. Dieu, voyez-vous, n'est pas si exigeant que le veulent croire ceux qui se retranchent derrière leurs occupations pour se soustraire à son service. Une pensée suffit si vous n'avez pas le temps de prier ; votre travail même est une prière.

— Ça, c'est bien ; parce que le temps, voyez-vous, mon lieutenant, ça n'appartient qu'aux riches.

— Et Dieu a des préférences pour les ouvriers, puisqu'il a voulu l'être lui-même.

— C'est vrai ?

— Allons ! vous le savez aussi bien que moi ; rappelez-vous votre catéchisme... Nous nous reverrons, Harnouy. Vous me montrerez demain une belle mine de soldat français, et... soyez sans inquiétude pour les vôtres. A présent, la pioche à la main ! Le sergent va me suivre, et quand il reviendra, il trouvera l'ouvrage bien fait. »

Pierre avait reboutonné sa tunique, secoué la terre projetée sur ses vêtements et rejoint l'officier.

« Passons à la cantine, dit celui-ci ; je vais faire porter du vin, du pain et du fromage à nos braves castors. Évidemment, chez plusieurs d'entre eux, la dépression physique pourrait amener la dépression morale.

« Veuillez, je vous prie, partager mon repas froid : je n'ai pas eu le temps de dîner hier. Nous le prendrons ici, sur l'herbe. »

Rapidement, le pain et le jambon, une bouteille de bière furent consommés de cette façon champêtre.

Les assiettes enlevées, le lieutenant ôta son calot. Le milieu de son crâne était rasé.

« J'ai vu votre scapulaire, dit-il, regardez ma tonsure.

— Monsieur l'abbé ?

— Non ; mon Père.

— Et vous venez de... ?

— De Paris, où j'ai été équipé ; on m'a renvoyé ici.

— Et... avant ?

— Ah ! vous désirez savoir comment les bannis sont rentrés sur le sol natal ? Vos hommes prennent un quart d'heure de repos, on vient de pourvoir à leur nourriture ; écoutez-moi. Si cela vous intéresse, je vous conterai notre retour dans la patrie. »

VI

« Le télégramme du consulat de France mit huit heures pour arriver jusqu'à nous. Et, cependant, notre maison, située dans le nord du Luxembourg déjà envahi, était une des plus rapprochées de ce sol que nous croyions ne jamais revoir, avant que l'ordre de mobilisation nous eût touchés.

« C'était la porte ouverte au prix de notre sang, de notre vie peut-être, mais nous étions heureux. Le privilège suprême du Français nous était rendu.

« En hâte, tandis que nous préparions nos minces paquets, les supérieurs s'ingéniaient à nous procurer des vêtements civils.

« Tristement, ceux qui restaient nous firent leurs adieux. L'émotion nous saisit en les quittant, après nous être dépouillés de nos soutanes... Si, au moins, nous avions pu revêtir immédiatement nos uniformes! C'était le 3 au matin. Nous comptions passer par la Belgique. Autour de nous, les Allemands étaient maîtres. Le droit des gens, la garantie des nations neutres étaient foulés aux pieds. A la gare, les trains n'arrivaient pas. Je m'adressai, pour en connaître la raison, à un employé, qui me désigna un groupe de soldats allemands postés dans un angle du hall.

« — Demandez-leur, à ceux-ci ; ils doivent savoir, puisque ce sont eux qui commandent. »

« Je retournai vers mes compagnons. Nous jugeâmes qu'une telle enquête pouvait avoir pour résultat de nous faire arrêter.

« Les sentinelles nous regardaient avec méfiance ; évidemment nos âges respectifs leur semblaient suspects. Ne voulant pas devenir pour les envahisseurs l'objet d'un intérêt trop vif, nous quittâmes la gare en nous donnant l'apparence de gens qui n'avaient rien à y faire, et nous nous éloignâmes en marchant par deux ou par trois, assez près les uns des autres pour échanger nos idées, évitant de parler trop haut, afin de ne pas être entendus, et de parler trop bas, pour ne pas être soupçonnés d'avoir à cacher quelque chose.

« En somme, on fit peu attention à nous, et, libres, nous réorganisâmes notre plan, bien simple : gagner à pied une petite station isolée et y prendre un train se dirigeant vers Arlon. Sans affectation, nous évitions les routes. Notre allure était tranquille, et nos visages rasés devaient avoir une expression débonnaire. Les soldats placés au long des lignes nous regardaient sans se déranger et sans nous interpeller. Je dois dire cependant que nos cœurs battaient assez fort à la pensée d'être faits prisonniers avant d'avoir pu répondre à l'appel de la patrie en danger.

« Heureusement, si les Boches se considéraient comme en pays violé, ils ne jugeaient pas être en pays conquis, et l'on ne sévissait pas contre les promeneurs.

« A la station de Bertrange, nous montâmes dans le train qui nous conduisit à Kembellingen. Nous étions encore en Luxembourg, mais un raid assez court, fait avec toute l'activité de nos jambes, nous permit de franchir bientôt la frontière belge.

« En Belgique, pays neutre.

« Quelle terrible ironie ce terme allait bientôt prendre !... »

Pierre écoutait avec un intérêt croissant ; il suivait toutes les péripéties de cette évasion dont chaque détail se gravait dans sa mémoire.

« Un peu de repos et quelques rafraîchissements, pris chez des amis dont la demeure se trouvait sur notre route, nous redonnèrent des forces.

« En arrivant à Arlon, nous nous présentâmes chez le consul.

« Nous trouvions tout simple de nous rendre au premier appel. Il nous en félicita avec une chaleur qui prouvait à quel point notre bannissement était considéré comme un acte d'injustice et réprouvé par les cœurs des vrais Français.

« Il nous munit de laissez-passer et nous guida jusqu'au tramway qui nous menait le plus près de la frontière. Descendus, nous fîmes à pied la dernière étape sur la terre étrangère... Elle fut longue, nullement dure ; instinctivement, chacun de nous avait repris le pas militaire. Seuls dans la campagne, nous laissions éclater quelque imitation de sonnerie de régiment ou un refrain de chanson de route, sur lesquels nos pas se cadençaient.

« La nuit était venue. Nous marchions toujours, certains d'être dans la bonne direction.

« Soudain des voix nous crièrent : « Qui va là? »

« Des voix qui voulaient imposer à leurs appréhensions la fermeté de leur courage.

« Aussitôt que nos réponses joyeuses eurent prouvé que nous n'étions pas

Sans affectation, nous évitions les routes; notre allure était tranquille.

la patrouille ennemie que l'on s'attendait à voir surgir, nous vîmes, dans l'imperceptible lueur de cette nuit sombre, les mains des douaniers français se tendre pour serrer les nôtres. L'un d'eux se détacha et nous conduisit chez le maire.

« Sans la rencontre de ces braves gens, nous étions près de nous égarer dans les ténèbres.

— Et vous avez été, mon lieutenant, cordialement reçus par le premier magistrat rencontré sur la terre française?

— A peine, étant le plus âgé, eus-je décliné nos noms et profession, que le maire s'écria :

« — Tous les religieux rentrent en France aussitôt avertis du danger du pays. On vous avait chassés en temps de paix, en vous dépouillant de vos biens. Et comme il y a des vies à risquer, des blessures à recevoir, une lutte acharnée à mener, alors on reconnaît que vous n'êtes pas de trop. C'est admirable! Vous serez consolés en voyant le beau spectacle qu'offre la patrie, et déjà la mobilisation marche rapidement, sûrement. Dès la première heure, les plus vieux ont gardé les voies, et pas un acte du sabotage tant annoncé, tant redouté, ne s'est produit. »

« Il continuait à parler vite et beaucoup, et néanmoins il ne pouvait répondre à toutes nos interrogations, tandis que nous faisions honneur au repas que sa femme et sa fille aînée avaient improvisé.

« — Et pas de réfractaires! ajouta-t-il, la C. G. T. marchant d'emblée au lieu de se révolter et d'accroître les risques de la guerre au nom du pacifisme.

« — Monsieur le maire, dis-je, nous saluons avec vous, au nom du Christ ouvrier, tous ces travailleurs entraînés, aveuglés par des meneurs vendus à l'Allemagne, et qui se retournent en face des envahisseurs menaçants et superbes; dans chacun d'eux, nous voyons un frère!

« Que Dieu protège cette maison où les religieux exilés ont pris leur première agape, où un homme de cœur a loyalement reconnu l'erreur du passé encore si proche et déjà si lointain! »

« Le vieux jardinier, un falot au poing, nous conduisit jusqu'à la gare.

« Il fallut attendre l'aube dans une petite salle enfumée par une mauvaise lampe suspendue au plafond, au-dessus d'une table bancale. Des voyageurs sommeillaient ou étiraient leur lassitude sur des banquettes de bois; comme nous, ils attendaient le train qui se dirigeait vers Paris.

« Bien entendu, ni livres ni journaux. Comment un de nos novices découvrit-il dans un angle un vieux petit bouquin aux pages fatiguées, au titre inattendu et de si pleine actualité : *Méditations sur la vie future?*

« Caler la table, monter dessus, tenir le volume à bout de bras pour ne rien perdre du pauvre reflet lumineux, furent l'affaire d'un instant.

« Les voyageurs somnolents s'étaient éveillés. Au lieu de protester contre la voix qui s'élevait pour rappeler des vérités redoutables, tous écoutaient en silence, avec des physionomies diverses; et pourtant ils étaient las, bien las, ayant circulé dans les trains qui s'arrêtaient sans cesse ou les laissaient en détresse dans les gares.

« Plusieurs avaient, sur leur visage, l'expression attentive, un peu étonnée, des enfants auxquels le catéchiste raconte « la belle histoire ».

« D'autres, le front dans la main, en appelaient à de vieux, très vieux souvenirs ; quelques-uns joignaient, par instinct ou par habitude de la prière, des doigts enfiévrés par l'anxiété.

« L'un de nous parfois commentait une phrase, projetait, dans une inspiration subite, un rayon plus ardent, avec souvent un élan de joie qui atténuait par les espoirs divins la leçon redoutable, et tous souriaient comme si les promesses seules les eussent concernés.

« Je pensais aux prisons mamertines, aux diacres exhortant les fidèles à la veille des grands combats du cirque entre hommes et fauves, dans lesquels se plaisait et s'entretenait le dilettantisme de la culture romaine.

« Nos auditeurs n'étaient pas tous des fidèles ayant déjà rendu témoignage au Christ, mais tous étaient prêts à aller au Christ en accomplissant le geste antique des vieux Francs ! »

L'officier s'était tu, puis se levant :

« Les hommes et nous sommes reposés, dit-il ; chacun va reprendre sa tâche. J'irai avec vous jusqu'à la tranchée, ensuite j'installerai le cabinet de travail-chambre à coucher qui m'a été dévolu, et je rédigerai mon rapport. »

Tout en marchant, il reprit :

« Peut-être vous étonnez-vous que, dès la première heure, je vous aie fait ce long et même trop long récit ? Je n'ai pas à vous répéter que j'ai deviné votre mentalité : d'avance, je sentais que vous me comprendriez. Or ces choses, nous ne pouvons les dire à tous, et il est bon qu'elles soient sues et répétées.

« Nous devons à Dieu le témoignage de nos actes d'amour envers la patrie. Nous le devons au peuple de France qui n'a ni voté ni approuvé notre exil.

« Ni plaintes, ni récriminations, ni retour en arrière. Nous avons le suprême bonheur de pouvoir servir en même temps Dieu et la France. Il en est d'autres qui rendront témoignage pour nous, et vous êtes de ceux-là. Sous la double poussée de la religion et de la patrie, vous vous joindrez à ceux qui veulent tout restaurer dans le Christ qui aime les Francs ! »

Bartay, profondément ému, serrait les mains du religieux.

« Mon Père, merci de m'avoir spontanément accordé votre estime. Vous, les apôtres, vous trouverez sur vos pas des disciples !

— Nous ferons souvent comme François d'Assise, qui prêchait par son attitude et n'ouvrait la bouche qu'à l'heure favorable.

— Allez-vous rester définitivement avec nous, mon P...?

— Mon lieutenant! carrément. Oui, je suis désigné pour surveiller sur
tout ce secteur l'ensemble des travaux de fortification. Je ne me suis pas
encore révélé tout entier. Derrière le religieux, il y a l'ancien X..., surpris
par l'Affaire, en pleine confiance.

« Très nerveux, très sensible, il m'a semblé alors que tout s'écroulait.

« Mon entrée dans la carrière militaire avait été pour moi une sorte d'acte
de foi. J'avais perdu cette foi; l'espérance s'évanouissait comme une illusion,
et j'ai quitté l'armée. J'ai dit adieu à ceux que j'aimais et qui ne pouvaient
rien contre ma dépression. Le polytechnicien subsitait toujours, et le soldat
sommeillait en moi : ils se sont réveillés au premier appel; le soldat est doublé
du prêtre, il a deux devoirs à remplir, et l'un ne peut pas nuire à l'autre.

« Maintenant, vous voici à votre poste, sergent; je ne chercherai pas à vous
flatter, je vous dirai seulement que je souhaite trouver autour de moi beaucoup de sous-officiers comme vous, et j'y compte. »

VII

« 24 août 1914.

« Ma chère mère,

« Je vous avais écrit hier. Suivant nos conventions, je devrais aujourd'hui laisser la plume de côté, mais les événements marchent, et je veux que vous soyez avertie du silence forcé qui va suivre. Ne vous en inquiétez donc pas.

« Un dernier courrier va partir dans deux heures, et nous serons séparés du reste du monde.

« Le canon gronde plus fort et plus près, notre tour arrive; nous le désirons tous. Nous sommes à côté de la Belgique martyrisée, héroïque; le flot teuton se déverse sur notre sol. Vous me comprenez, mes deux chéries, si je vous dis : je pense aux territoires envahis avant de penser à vous; d'ailleurs, j'ai confiance. Paris ne sera pas investi.

« J'ai aussi la certitude qu'en fût-il autrement, vous seriez des semeuses de courage.

« Si ce cas se présentait, vous serez sans doute taxées de bouches inutiles, et vous devrez partir. Songez-y, prenez l'argent mis en réserve, étudiez dans quel lieu vous pourrez vous retirer.

« En attendant, parlez peu, restreignez toute cause d'alarme; informez-vous et réfléchissez, prenez des conseils discrets. Blaise, lui, resterait à la maison; d'ailleurs, celle-ci fera pour son personnel ce que les circonstances exigeront.

« Le lieutenant dont je vous ai parlé dans plusieurs de mes lettres, autant dire toutes, se fait de plus en plus aimer des hommes. Un certain nombre ont deviné qui il est, car j'ai entendu ce propos :

« — Si *des fois on osait,* on lui demanderait de se raser court au lieu de laisser pousser ses moustaches : ce serait plus facile de le reconnaître. »

« Il avance lentement, sûrement, dans son travail de fortification spirituelle.

« Autour de nous, le mouvement religieux s'accentue. Suivant la classe sociale, suivant le caractère, la même pensée se retrouve avec une formule différente : « mourir bellement, » et ce n'est pas seulement de la tenue et de l'ultime attitude qu'il s'agit.

« Allons, très chères, rien n'empêche que vous m'écriviez et que je vous écrive des lettres qui partiront plus tard, et qui refléteront nos états d'âme pris sur le vif. Je vous embrasse et ne vous dis pas adieu, mais à Dieu ! Je n'ai jamais mieux senti combien je vous aimais qu'en ce moment où le cercle de feu va se resserrer autour de moi.

« Votre PIERRE. »

« *P.-S.* — Très affectueux souvenir à mon petit Blaise, qui, j'en suis persuadé, fera bonne et brillante figure d'écrivain. »

Tandis que Bartay remettait sa lettre à l'adjudant vaguemestre, celui-ci, en échange, lui tendait deux enveloppes. La plus large, ouverte la première, contenait ces mots :

« Mon cher grand cousin, je me demande si cette missive ne part pas trop tard pour te parvenir.

« Chaque jour, je considère la carte que nous avons examinée ensemble. Toutes nos prévisions ne se réalisent-elles pas ? Tu nous défends au point nordouest de la redoutable zone d'invasion.

« Vais-je encore te répéter mon *lamento?*

« Il s'accentue lorsque je rencontre une femme, une mère, de petits enfants qui, en rentrant chez eux, entoureront une place vide. Si je pouvais partir et que *cet homme* revînt ! Que signifient, après tout, ma laideur, mon exiguïté, mon état maladif ? J'ai assez de force pour tenir un fusil dans une tranchée, et, si petit que soit mon corps, il est encore assez grand pour servir de bouclier et préserver la vie d'un être plus robuste. Dans une forteresse, qu'importe que le soldat ne puisse fournir de longues marches ?

« Ces idées m'obsèdent. Ne me les reproche pas, elles ne nuisent pas à mon travail. Notre nombre s'est encore réduit, et il en ira toujours ainsi. De très jeunes entrent, et, pour leur laisser la besogne la plus facile, on m'en a donné une supplémentaire.

« Ta sœur aide puissamment à occuper le peu de temps qui me reste.

« Quatre fois par semaine je monte dans ta chambre, et nous travaillons.

« Il me semble qu'en m'instruisant, Annette fasse jaillir une source de savoir cachée au fond de moi-même. Elle suggère plus encore qu'elle n'enseigne. Le temps passe ainsi avec une rapidité merveilleuse. Et quand les livres, les cahiers de notes sont remis en place, c'est un éveil pénible après un beau rêve.

« Puis c'est un entretien à trois. Ta chère mère veut que désormais je l'appelle « ma tante ».

« Chaque fois, je constate combien tu es aimé ; et moi, en te plaignant de ne plus jouir de ces tendresses, je suis heureux de ramasser les miettes de ton festin de la vie.

« Te plaindre... J'ai écrit ces deux mots. Ne devrais-je pas les effacer?... Sont-ils dignes d'elles et de toi?

« Mon grand cher ami, je t'adresse tous les vœux que je transforme chaque jour en prières, pour que tu reviennes parmi les victorieux, et je t'offre la plus profonde affection de ton reconnaissant et dévoué

« BLAISE. »

L'autre enveloppe contenait l'épître suivante :

« Mon frère chéri,

« Ta dernière lettre a été longtemps à nous parvenir. Qu'en sera-t-il de la prochaine? Ce sont les épreuves de l'arrière, et nous offrons à Dieu l'accroissement de nos anxiétés.

« L'exode s'accentue. Nous ne répétons pas les bruits que nous entendons, et qui sont d'ailleurs contradictoires.

« Je suis les cours de la Croix-Rouge, je prépare mes examens; rien ne fait prévoir quand je pourrai entrer dans une ambulance. Celles de Paris et des environs sont vides... Et pourtant combien de blessés déjà !

« On les envoie au delà...

« Ce travail me prend trois heures par jour. Alors, nous avons imaginé une œuvre, une toute petite œuvre d'aide mutuelle, ma mère et moi.

« Nous nous sommes fait désigner deux familles nombreuses de mobilisés. Je vais chercher les petits qui ne peuvent sortir seuls, toute une grappe qui s'accroche à mes coudes et à mes mains aux passages difficiles, et je les conduis à ma mère, installée au Luxembourg avec un tricot. Puis, après mes cours, je reviens chercher la bande restaurée de petits pains beurrés, et je la dissémine dans chaque foyer. Il y a plus de garçons que de filles, et c'est plaisir de voir ces joues pâlottes s'animer de rose ou de pourpre, les petites joues des soldats de l'avenir, les fils des combattants d'aujourd'hui !

« Penser aux autres, s'occuper d'eux, c'est raccourcir le temps, atténuer l'angoisse.

. . . .

« Je travaille *avec* Blaise (je n'écris plus : « *je fais* travailler Blaise »). Il n'a pas encore dix-huit ans, et il a acquis une somme de connaissances, une initiative, un développement d'esprit exceptionnels chez un être aussi jeune.

. . . .

« Je rentre après avoir dû parcourir différents quartiers.

« L'attitude générale est calme parmi les Parisiens restés en marge des villégiatures estivales ; j'ai observé néanmoins une certaine nervosité, peu apparente d'ailleurs, dans les gestes et dans les paroles.

« Au revoir, frère chéri, nous t'embrassons en nous demandant si un temps très long s'écoulera avant que nous puissions nous revoir, nous regarder avec des yeux clairs et tendres, et nous sourire comme ceux qui n'ont rien à se reprocher.

« On prie sainte Geneviève...

« Ta sœur, ANNETTE. »

VIII

Un bruit venait de se répandre dans la garnison de Maubeuge.

L'investissement attendu était conjuré. L'armée anglaise marchait en face de la ville; elle allait prendre les Allemands à revers, et ceux-ci, dans la crainte d'être cernés, battaient déjà en retraite.

Les défenseurs des forts ignoraient que French avait prévu le mouvement de von Kluck, lequel, par ordre du kaiser, se préparait à le rejeter sur Maubeuge et à l'y bloquer.

Le généralissime anglais avait sauvé son armée par une marche de cinquante kilomètres par jour et gagnait Saint-Quentin.

Maintenant tous les projectiles s'abattaient sur la forteresse. Les alliés avaient changé leur plan. Dès le 25 août, la ville était prise sous le feu de l'ennemi.

« Vos premières impressions sur le bombardement, Bartay? interrogea le lieutenant du génie quand, à la fin du jour, il rencontra Pierre.

— L'impression que l'on doit éprouver en face d'un cataclysme, mon lieutenant. La perpétuelle attente d'un effondrement final. J'ai été figé, pendant quelques minutes, dans une sorte de résignation bizarre et un sentiment d'impuissance. Je me suis ressaisi. Alors la volonté, la colère ont ressuscité l'énergie. J'aurais voulu marcher, marcher jusqu'à ce que nous puissions nous jeter sur les Allemands, dans un corps-à-corps triomphant.

— Et vos hommes?

— D'abord un lourd silence, puis l'acceptation du fait, et, tout à coup, le subit réveil de l'âme guerrière qui sommeille en tout Français. La fureur s'est déchaînée contre l'envahisseur qui s'est glissé en traître au travers des pays neutres et les a martyrisés avant de venir nous déchirer le flanc.

« On souhaite une sortie. »

Tout en écoutant le sergent, l'officier étudiait la nature des feux les plus violents.

« Mortiers de 305 et de 420. Nos batteries d'arrière répondent vigoureusement, mais pourront-elles repérer avec exactitude ? »

Il allait ajouter :

« On affirme que les leurs sont abritées dans des carrières préparées de longue main. »

Il se tut.

La redoutable leçon de l'avant-guerre devait s'adresser non à ceux qui subissaient les atteintes de l'artillerie allemande, aux victimes des plans lointains qui avaient acquis d'avance notre sol à l'ennemi, mais aux imprévoyants qui les avaient laissé accomplir.

. . . .

Soudain un fracas épouvantable ébranla les deux hommes.

On eût dit qu'un tremblement de terre et un croisement d'orages déchaînaient toutes les forces de la nature.

La tourelle blindée qui modernisait l'armement du vieux fort de la Biche venait de s'effondrer.

Un cri retentit.

« Il y a là-dessous des hommes ensevelis ! »

On se précipitait.

La rumeur montait, montait toujours, se détachant sur le grondement de l'artillerie, à mesure qu'elle se faisait plus aiguë.

Le religieux était en tête de ceux qui couraient, avec le double espoir d'aider au sauvetage des vivants et d'absoudre les mourants.

Les salles du vieux fort s'étaient effondrées. Tout secours était inutile.

Pierre entendit le prêtre murmurer :

« Mon Dieu, vous accueillerez ces âmes dans votre paradis ! »

Entre chaque ordre donné, les lèvres murmuraient une prière.

. . . .

Dès lors, avec une angoissante monotonie, les jours succédèrent aux jours.

Les trois premières compagnies du bataillon de Pierre étaient réparties entre le service des tranchées et celui des avant-postes, par roulement.

La quatrième était établie en permanence dans le fort.

« Au moins, vous remuez, vous autres ! apostrophait un sous-officier sur le passage de Bartay. On se bat chez vous ! »

Se battre ! c'était l'aspiration générale.

« J'aimerais mieux aller risquer ma peau avec toi... »

L'allant français, dont, jadis, trois années de service avaient développé le germe, se retrouvait dans ce soldat, pris depuis neuf ans dans l'engrenage de la vie civile.

Il continua, l'attitude lassée, le dégoût aux lèvres :

« Ici, nous sommes trop à l'abri.

— Nous n'avons, en réalité, repartit Pierre, modeste, que de petites escarmouches. Nous n'attaquons pas, et les Boches ne cherchent pas en ce moment à nous bousculer.

« Il faut nous mettre dans l'esprit que nous sommes des *défenseurs* chargés de retarder l'offensive de l'ennemi, et, par cela même, notre rôle est beau, s'il est moins brillant.

— Beau, je ne discute pas, mais ennuyeux, monotone. »

Bartay serra la main de son camarade, qui le regardait d'un œil d'envie reprendre le chemin des avant-postes et murmurait :

« Mourir pour la patrie, c'est le sort le plus beau... »

« Le vôtre et non le nôtre, paraît-il. A la fin, notre tour viendra peut-être. »

. . . .

Le soir même, un obus éclatait sur le fort.

La section du sergent qui voulait marcher en avant, parce qu'il se trouvait trop abrité, venait de disparaître sous les décombres.

Avant les combattants actifs, le sous-officier était « mort pour la patrie »...

L'ordre d'évacuer fut donné aussitôt.

Après l'inévitable destruction des choses, il fallait épargner, en la reportant en arrière, la muraille vivante qui subsistait encore.

Et toujours, toujours le bombardement, que l'on croyait avoir déjà atteint son maximum, devenait plus intense, plus précipité.

Septembre commençait. Ses premières brumes teintaient le paysage de mélancolie, mais, aux jours clairs, le soleil transformait en rameaux d'or les feuilles jaunies.

4

Peu de sommeil, peu de repos, du travail et néanmoins peu d'action.

Une lourdeur laissait filtrer l'angoisse.

Que se passait-il hors du cercle de feu? Que devenait la France? Quelles menaces étaient suspendues sur tant d'êtres aimés?

Les tentacules du monstre à deux têtes s'étendaient-ils, comprimants et féroces, ou les avait-on fauchés?

La victoire de la Triple-Entente était-elle une certitude toute proche ou une espérance?

Le cœur de la France était-il atteint?

Enfin un billet anonyme, parvenu on ne sait comment, notifia les coups frappés par la quatrième armée à Saint-Quentin et à Guise, le 29, précédés par les succès du général de Langle sur la Meuse et du général Ruffey dans l'Est, soutenu entre Nancy et les Vosges par Castelnau et Dubail. Ces mots avaient été ajoutés au crayon :

« Le général Maunoury assemble une armée qui se portera sur Amiens. » Ce fut tout.

Mais, le 5 septembre, un avion allemand avait fait pleuvoir des papillons dactylographiés contenant ces lignes : « Nous marchons sur Paris à raison de quarante-cinq kilomètres par jour. »

Les feuilles furent détruites par ordre supérieur.

L'une d'elles était tombée entre les mains de Pierre.

Disent-ils la vérité? Est-ce un de ces mensonges dont ils sont coutumiers?

Il voulait croire à la fausseté allemande, et néanmoins il était obsédé par la pensée des obus éclatant au-dessus du toit qui abritait les chères femmes.

« Et moi qui ne puis les protéger! »

Pendant quelques minutes, Bartay était resté immobile; ses mains tremblaient, secoué qu'il était par un sentiment de révolte qui montait en lui.

Il entrevoyait la horde envahissant, saccageant, menaçant, et il ne serait pas là pour défendre sa mère et sa sœur. Il était ailleurs!

Il se trouvait dépassé par l'immensité du sacrifice!

En froissant le papier entre ses doigts, il se rappela qu'il devait le remettre à un officier. Auquel?

Il n'hésita pas.

. . . .

Dans le désarroi subit de son âme, n'a-t-il pas besoin d'une parole qui vienne de plus haut que la discipline, d'au delà même du devoir, pour que ce devoir lui soit imposé comme un dogme?

Pierre se dirige vers la petite pièce, mi-cellier, mi-cellule, qui servait de chefferie du génie.

Penché sur une table couverte de papiers, l'occupant lève la tête :

« Mon lieutenant, voici une de leurs semailles. »

Bartay essaye de sourire, mais soudain une secousse au cœur, une étreinte à la gorge, bouleversent son visage.

Il a la vision brève des siennes, seules, sous l'effondrement de leur demeure en flammes, disparaissant comme déjà, par deux fois, il a vu les hommes disparaître.

« Allons, Bartay, qu'avez-vous donc?

— Mon Père...

— Mon Père? Oh! c'est grave...

— Je viens vous demander la force.

— La force? Vous!

— Contre une tentation de désespoir.

— Asseyez-vous et parlez. »

Une chaise fut promptement débarrassée des cartes qui l'encombraient.

D'une voix saccadée Bartay parla. Il avoua ses défaillances, sa révolte intérieure.

« Vous voyez bien, conclut-il, que ce n'est pas à l'officier que je m'adresse! »

Le religieux, en l'écoutant, était demeuré dans la position, face au mur. Quand le silence se fut fait, il se retourna, croisa haut les bras sur sa poitrine et fixa son regard profond sur Pierre.

« L'officier et le prêtre ne sont plus qu'un en une indissoluble union. L'officier vous réprimande... et le prêtre ne vous absout pas.

— C'est à vous seul que je me suis confié. Je vous affirme sur l'honneur que nul parmi mes camarades ou parmi les hommes n'a pu surprendre mon trouble. Je n'ai pas prononcé une parole qui puisse inciter les autres à...

— C'est bien! interrompt le lieutenant. Maintenant c'est le chrétien qui parle au chrétien. Je ne mets pas en doute votre courage. Vous voudriez vous exposer pour le salut immédiat de deux femmes sans défense et qui ont droit à votre protection? Voudriez-vous avoir le privilège de choisir votre épreuve? Tant d'autres se sont déjà immolés qui laissent vide au foyer l'inoccupable

place... Pourquoi traceriez-vous votre chemin de croix? Certes, il est plus dur
de souffrir au travers de la souffrance des autres; mais cette dure loi, aujour-
d'hui, est la loi générale. Vous êtes un être humain en proie à la sensibilité,
comme nous tous. Allez, et que cette tentation passe! Soyez entièrement à la
défense, puisque vous ne devez pas être à l'offensive... Contribuez à la
défense générale de la patrie, puisque vous ne pouvez faire aux vôtres un
rempart de votre corps. Votre mère a passé tous ses droits à la France. Ce
que vous faites ici, d'autres le feront aux portes de Paris. Encouragez vos
hommes et vous retrouverez toutes vos forces morales. »

. . . . ' . . . .

C'était à ce moment même que le généralissime lançait aux armées l'appel
suprême :

« L'heure est venue d'avancer coûte que coûte et de se faire tuer plutôt que
de reculer. »

IX

Dans la matinée du 6 septembre, Pierre, raffermi par la lutte contre lui-même, s'éveilla d'un très court sommeil dans la tranchée de droite, que sa compagnie occupait depuis vingt-quatre heures, et se demanda comment il avait pu fermer l'œil, ne fût-ce qu'une heure, sous le bombardement qui redoublait.

Soudain une rumeur nouvelle se fait entendre vers la gauche ; une fusillade se détache sur le tac à tac des mitrailleuses. La rafale des balles prend la tranchée en enfilade, sans que l'on puisse se rendre exactement compte d'où viennent les projectiles.

Quatre heures s'écoulent, s'allongeant dans la rage impuissante de ne pouvoir faire taire le feu meurtrier. On secourt les blessés ; on ne péut venger les morts. On tente l'impossible défense, et on ne peut constater les résultats de l'effort.

A midi, des ordres arrivent. Le capitaine doit faire replier la compagnie jusqu'au village de F...

Pierre, le sergent Soyer, le soldat Étienne Malfeu n'ont rien entendu, le commandement ayant été lancé à l'extrémité opposée du point où ils se trouvent.

Une même pensée retient les trois hommes quand ils se voient seuls. Au lieu de chercher à rejoindre leurs camarades, ils se sont groupés autour de deux mitrailleuses enlevées dans les ruines du fort et apportées dans la tranchée.

Vont-ils les laisser aux mains de l'ennemi?

D'une minute à l'autre, les Boches vont envahir l'ouvrage abandonné. Les pièces françaises seront-elles tournées contre les nôtres?

Tous trois se regardent, se comprennent, et leurs yeux sombres disent :

« Cela ne sera pas. »

La résolution, le plus noble sentiment du devoir décuplent leurs forces :

« Essayons, mes amis! »

Le sergent Soyer est un robuste fermier de la Manche qui, lorsqu'il battait le blé sur l'aire damée, levait son fléau plus haut que les autres; le halètement de sa large poitrine rendait un « han! » plus sonore que celui des plus rudes travailleurs.

Peu habitués aux exercices violents des muscles, Bartay et Malfeu, un typographe, faisaient des efforts désespérés pour soulever une des pièces. Leur aide était insuffisante...

Épuisés, hors d'haleine, les trois hommes se laissèrent tomber sur la banquette de terre.

« Ce n'est pas possible! s'écria Soyer, exaspéré de son insuccès. On va revenir. Et après tout, qu'est-ce que nous faisons là, nous autres? Nous aurions dû les rattraper. Nous avons perdu notre temps. Ils se battent quelque part. »

Ils se battent quelque part!

Les deux autres avaient bondi.

« Allons, en route! Une sortie! » criait Pierre.

La ligne des assiégeants percée! La marche sur Paris! Les Allemands pris entre deux feux! Il entrevoyait tout cela.

Soyer, moins nerveux, moins impressionnable, tels ceux qui vivent au grand air et luttent quotidiennement contre les obstacles extérieurs, imposa :

« Ne nous emballons pas, mes camarades! Pas de fausse manœuvre! Il ne faut point que les maudits Boches tirent sur nous avec nos propres armes; mais, si les nôtres reviennent, il faut qu'ils les retrouvent. Nous sommes bons tous les trois pour dévisser les culasses; les servants ont laissé les outils. »

Une demi-heure plus tard, leur tâche achevée, les trois hommes avaient gagné le petit bourg d'arrière où les troupes, pensaient-ils, avaient dû se concentrer.

« Là nous apprendrons quelque chose, » avait opiné Pierre, au moment où, avec le regret d'abandonner leur poste, ils étaient sortis de la tranchée.

Mais le bruit de la mitraille seul résonnait dans le village, tout à l'heure bondé de troupes.

« Voici la ferme où était cantonnée la 6ᵉ compagnie, s'écria Malfeu. J'y ai été hier matin. »

Des poules s'effaraient, des chats s'enfuyaient; les animaux sentaient l'approche de l'ennemi.

Des corps de bâtiments avaient été évacués par les soldats et par les gens que la mobilisation n'avait pas touchés.

Une mitrailleuse démontée gisait sur le sol, à côté d'une voiture de campagne chargée de sacs, de couvertures, d'outils de toutes sortes.

« Encore une! s'écria Soyer. Quant à celle-là, nous l'aurons! Il ne s'agit plus de la traîner pendant des kilomètres tout entière, mais de la hisser au milieu de ce fourbi et de trouver un cheval. A l'aide! »

Les deux paires de bras tendus à pleins muscles des Parisiens secondèrent la robuste poigne du terrien normand.

Quand le chargement fut effectué, ce dernier se dirigea vers l'écurie et, cinq minutes plus tard, il ramenait un percheron tout enharnaché.

« Quel malheur de laisser des bêtes pareilles, découplées à souhait et si en forme! Trois comme cela! J'ai eu peine à choisir le meilleur. Les deux autres valaient bien autant. Les Parigots! montez et installez-vous! La mitrailleuse en prend à son aise, elle affaisse les couvertures, écarte les sacs. Débrouillez-vous. Moi je mène : j'ai idée que vous n'en seriez pas capables.

— Alors, en route pour Lisserte! Nous y retrouverons les camarades. »

Ils avançaient avec lenteur, bien que le cheval traînât gaillardement le poids lourd; mais, à chaque instant, il fallait s'abriter contre les obus qui pleuvaient.

« Arriverons-nous? suggéra Malfeu, blotti entre les couvertures, qui le matelassaient contre les heurts d'une des parties de la mitrailleuse.

— Eh que oui, nous arriverons! Ce n'est pas le train que nous allons prendre, n'est-ce pas? Point d'heure fixe! Nous faire tuer ou décrocher un bras ne serait utile à rien : il n'y aurait que des Français de moins, et pas un Boche de plus couché à terre. Patience! »

Brusquement le cheval s'arrête. Aussitôt un fracas formidable retentit : un obus laboure le sol, fait voler les mottes de terre écorchée, éclabousse de poussière compacte les naseaux de l'animal, qui recule.

« Allons, mon vieux, c'est fini de t'épater? Ça ne nous fait pas plus plaisir qu'à toi. Nous avons mieux à faire de notre peau! Passe, mais passe donc!... »

Soyer réitère les appels de langue, car il n'a pas songé à chercher un fouet dans l'écurie ; il agite les guides et se prépare à descendre pour saisir l'animal par la figure, lorsque enfin le percheron fait un effort vigoureux et entraîne sa charge par-dessus les débris.

« Au trot, maintenant ! »

Le village est en vue. Une angoisse étreint les trois hommes, qui la répriment de leur mieux. Si Lisserte aussi est évacué, si nul ne peut les renseigner sur la direction prise par la compagnie ? Le capitaine aurait-il reçu l'ordre d'aller accomplir une mission et de revenir ensuite dans la tranchée ?

« Portés manquants, tournant le dos au combat ! Une belle situation ! murmurait Malfeu. Des.fois, on nous déclarerait déserteurs ? Le compte serait bon ! Les balles prussiennes, passe encore, mais le peloton d'exécution sous le feu des Français, oh non !

— Allons, rassure-toi, craintif ! exclama Soyer. Ils sont là.

— Je ne distingue rien, » objecta Bartay en essayant de modifier sa position incommode.

Le Normand haussa les épaules.

« Mon vieux, quand je dis « je vois », c'est que « j'ai vu ».

Soulevant les guides, il poussa le cheval au grand trot.

« Un coureur de lièvres comme moi se fait mieux les yeux et les poumons que vous autres, qui ne pouvez les exercer dans vos magasins, voire vos imprimeries. Dans mes prunelles, c'est l'équivalent du museau de mon chien : je découvre, et lui, il flaire. J'aperçois des pantalons rouges. Tout de même, il ne faudrait pas qu'ils fissent un à gauche avant que nous les ayons rejoints ; sans quoi, pour courir après eux, on laisserait en plan le fourbi que nous amenons. Ah ! maintenant, voyez-vous ? Et le grand là-bas, en avant, tout seul, c'est le capitaine. »

De la main droite il indiquait le point de direction.

Les doigts en auvent, les deux autres aperçurent ce que la vue perçante du terrien distinguait nettement.

Quelques minutes plus tard, Soyer arrêtait le cheval devant l'officier, qui, en voyant approcher ce singulier équipage, était descendu jusqu'au bord de la route.

« D'où sortez-vous donc, vous autres ? interrogea-t-il, la voix brève.

— De la tranchée, mon capitaine, répondit Pierre en s'avançant et reprenant ses droits d'ancienneté.

Brusquement le cheval s'arrête.

— Pourquoi y étiez-vous restés?

— Nous n'avions pas entendu l'ordre de départ.

— Il fallait écouter. Qu'avez-vous fait depuis? »

En phrases laconiques, le sergent rendit compte de l'odyssée.

« Bien, je vous félicite. Je vous parlerai tout à l'heure. »

Vingt minutes plus tard, tous trois se présentèrent ensemble, la main au
képi, devant la table sur laquelle le capitaine et un scribe avaient installé un
bureau de fortune à l'entrée d'une grange, afin de pouvoir, s'il était nécessaire, mettre leurs papiers à l'abri de l'eau.

« Voilà, dit l'officier, écoutez ce que mon secrétaire va vous lire :

— « Le capitaine commandant la 6e compagnie rend compte à M. le
commandant T... qu'une mitrailleuse était abandonnée à la ferme Z. Le
sergent Bartay, le sergent Soyer, le soldat Malfeu, de ladite 6e, qui se repliait
de l'ouvrage A, se chargèrent de reprendre cet engin malgré les obus et
la mitraille qui pleuvaient autour d'eux.

« Lisserte-la-Longue, 6 septembre 1914.

« *Le capitaine commandant la 6e compagnie.*

« Signé : Vailon. »

« Maintenant, emportez ce papier; je suis content de vous, et je ne serai
pas le seul. »

.   .   .   .

Un instant plus tard, les trois compagnons étaient entourés, accablés de
questions.

Bientôt un bicycliste apporta l'ordre de retourner vers la tranchée.

Pierre, au moment où l'on formait les rangs, se présenta au lieutenant,
qu'il n'avait pas encore revu.

« Marchez près de moi, dit celui-ci.

— Où allons-nous, mon lieutenant?

— Décidément, vous écoutez peu... et mal.

— Je suis encore assourdi.

— Eh! nous retournons d'où nous venons. »

La discipline avait clos la bouche de Pierre. L'officier ne le questionna pas
sur les difficultés du trajet. D'abord tout alla bien, mais bientôt l'air fut

déchiré de nouveau par des rafales de mitraille; les hommes ne pouvaient plus avancer que par bonds de quelques mètres et devaient s'abriter tant que durait la pluie d'obus. Les deux premières sections gagnèrent enfin la tranchée, semant, hélas! une partie des leurs sur le chemin.

Rapidement, ceux des soldats qui ont échappé aux shrapnells reprennent leurs anciennes places.

L'ordre de repli éclate entre deux volées de mitraille... Encore!

Chacun revoit les périls auxquels il vient d'échapper et compte les manquants.

Malgré la hâte de ce second départ, on sauvera les mitrailleuses, une au moins. Un officier reste en arrière pour diriger le travail.

Ces hommes résolus savent qu'en agissant ainsi ils rendent leur retraite plus difficile, plus dangereuse. Qu'importe, si l'engin est soustrait à l'ennemi?

Elle est lourde, difficile à transporter. Cinq hommes soulèvent avec peine le pied qu'ils emportent. Bartay se charge du canon.

Sous le poids qui l'écrase, Pierre éprouve un bien-être moral. Toutes les paroles du Père lui reviennent à la mémoire; il est dans l'action même.

Enfin tous rejoignent la compagnie à Lisserte.

Ils étaient sept; leurs sept noms furent portés sur le rapport qui rendait compte de ce bel acte de courage.

Ce nouvel effort, cette tension de toute son énergie, avait amené chez Bartay une réaction violente après la dépression dont il avait tant souffert.

L'accomplissement de ce fait d'armes (car un fait d'armes n'implique pas le combat corps à corps) lui avait mis dans l'esprit la paix que procure un grand devoir accompli.

De nouveau tout était au calme. Pas plus que le matin, aucun obus ne troublait la région.

Les avant-postes placés, la compagnie s'installe dans le village. Ce fut, depuis le 25 août, la première nuit où l'on put dormir.

Quelle joie de s'étendre et de fermer les yeux, « de boire le sommeil! » comme le déclarait un Provençal. Mais la nuit est courte; le réveil a lieu avant l'aube.

Les commandements se croisent dans l'air. Les hommes sont placés en tirailleurs, face à un petit bois situé au nord de la route qui va de Lisserte à la Biche, à mi-distance de l'un et de l'autre village.

Qu'attend-on et que veut-on d'eux? L'ennemi peut-il, de ce côté, prononcer une attaque d'infanterie? L'artillerie allemande gronde; le bataillon, arrosé de shrapnells, est peu à peu décimé, et toujours la riposte est impuissante.

On ne voit rien que les chutes des corps frappés à mort.

Les mitrailleuses, que l'on est parvenu à sauver, sont installées et cachées dans les arbres.

Elles sont, hélas! inutiles : leur portée est trop faible pour atteindre les engins meurtriers, toujours invisibles.

La vaillance demeure à la hauteur de l'épreuve. On restera puisqu'il faut rester, on tiendra jusqu'au bout.

On a tenu, mais ce que n'ont pas pu voir ces braves, isolés, perdus sur un point éloigné: c'est l'écrasement de l'héroïque garnison sous la poussée de la masse allemande. Le plus beau courage est paralysé; et alors, avec l'espoir de conserver à la France vingt mille de ses enfants, les chefs ont donné l'ordre de cesser une lutte trop inégale pour la petite troupe.

« En marche! »

Les poitrines sont étreintes d'une indicible angoisse.

X

Déjà la moitié du chemin est accomplie...

Ordre est donné de se ranger sur le côté.

« Sac à terre! Formez les faisceaux! »

Les regards s'échangent et les interrogations à voix basse commencent.

« Était-on si las qu'une halte fût nécessaire! »

Les faisceaux!... Les hommes les considèrent longuement. Ils aimeraient mieux être encore chargés de leurs armes. Ce repos leur est infiniment plus pesant que le poids qu'ils supportaient depuis le matin; ils s'inquiètent.

Un autre commandement plus inattendu encore. La compagnie, en rang, les mains et les bras vides, est dirigée vers la porte d'une usine métallurgique et conduite dans une vaste salle.

Tous les cœurs palpitent violemment, les yeux s'assombrissent, les gestes s'énervent.

Laconiques, les dents serrées, les officiers font déposer à terre les cartouches et les équipements.

Au plus obscur d'eux-mêmes, les soldats français ont la compréhension instinctive du fait redoutable que leur âme se refuse encore à accepter.

Peu à peu l'évidence s'impose à eux.

Machinalement, comme des êtres abasourdis par une catastrophe qui a troublé leur vue en leur laissant l'existence, ces hommes obéissent, pour la dernière fois, à la voix de leurs chefs.

Ils sortent à présent de la salle de l'usine.

Leurs faisceaux sont là, en face d'eux, gardés par les casques à pointe.

D'autres Allemands, massés contre la muraille, aussitôt encadrent les prisonniers français à mesure qu'ils avancent.

C'est fini! Plus de campagne de revanche! plus de combat où l'on s'enivrera de poussière lumineuse et du rougeoyant parfum de la gloire!

Des bras inertes, des mains vides, des uniformes qui ont perdu leur éclat...

Dans peu, ce sera le réveil sur le sol étranger, chez l'implacable ennemi.

La colonne est formée sous l'escorte des soldats et des gendarmes allemands.

Il faut traverser la malheureuse ville de Maubeuge. On marche sur les décombres qui barrent la longue rue; les maisons, écroulées sous le feu incessant de l'artillerie, se sont effondrées.

Par la porte de Mons, les captifs sont dirigés sur Jeumont.

Bartay jette les yeux autour de lui. Il veut graver dans son cerveau ce spectacle de désolation.

Sa pensée maintenant sort des limbes; elle s'était concentrée dans l'immédiat. Sa mère, sa sœur, Blaise... Dans combien de temps aura-t-il de leurs nouvelles? Dans combien de temps pourra-t-il leur faire savoir qu'il est vivant, sans blessures?

Puis sa compassion se porte sur ces êtres humains, ces Français chassés de leur demeure par l'incendie. Il éprouve une sensation consolante à songer que, dans la limite de ses possibilités, il a contribué pendant quelque temps à les préserver. Hélas! trop peu de temps!

D'autres défendront sa mère et sa sœur... d'autres plus heureux que lui!

La parole du Père-lieutenant lui revint à la mémoire :

« Voulez-vous choisir votre épreuve et tracer votre chemin de croix? »

Le reverra-t-il jamais, le Père? Et sous quel costume? En uniforme, au cours de leur captivité? Sous l'habit religieux, sur le sol d'une patrie régénérée qui, après avoir rappelé les bannis pour les envoyer sur le champ de bataille, leur remettra les clefs de leurs demeures injustement fermées?

Est-il même encore vivant?

La chaleur est accablante. L'allure est rapide; les Allemands semblent se hâter d'atteindre l'ombre et le repos.

Des territoriaux déshabitués des longues courses, des gardes-voies déjà vieux, font des efforts désespérés pour suivre la colonne.

Leur marche parfois se ralentit, et les cavaliers allemands, poussant brutalement leurs chevaux, chargent contre eux avec des cris de bêtes fauves et renversent plusieurs de ces malheureux dont les forces sont épuisées.

Et il faut retenir l'apostrophe indignée qui monte aux lèvres après avoir gonflé le cœur. Il faut continuer la même vive allure quand les camarades succombent, parce qu'ils sont incapables de suivre avec ce pas relevé que jadis, jeunes et vigoureux, ils ont soutenu, scandé au son joyeux, au refrain martelé de quelque chanson de marche ou au son strident des clairons.

Ironie des choses! contraste des rappels de mémoire avec les cruelles réalités! Le cerveau de Pierre est obsédé par les notes alertes et entraînantes, par les paroles de vieille bravoure française, par la musique et par les vers du *Clairon* de Déroulède... Il croit les entendre, il est prêt à entonner le refrain.

Des cris retentissent, gutturaux, sauvages, à quelques pas en avant. Des soldats du génie, des réservistes et des territoriaux qui, depuis la mobilisation, ont travaillé aux ouvrages de défense, inhabitués à la marche régulière des colonnes, se sont un peu écartés des rangs; on les pousse à coups de baïonnette. La glorieuse baïonnette, l'arme merveilleuse du Français, dont le Boche fait un vil instrument de supplice et l'arme des lâches!

Ils tombent, ces hommes, dans le fossé de la route. Morts? agonisants? ou vivants? Viendra-t-on les relever?

Les poings se crispent, les dent grincent. Ah! s'arrêter, prendre ces bourreaux à la gorge, les frapper de la tête, des poings, des genoux, de toutes la force que la constitution humaine laisse aux désarmés!

Mais non; il faut marcher toujours, sous peine d'augmenter le nombre des victimes, de diminuer le nombre de ceux qui, après la captivité, reviendront sur le sol natal reprendre leur place sous le beau ciel des Gaules, travailler au relèvement de la patrie encore ensanglantée!...

Un groupe nombreux de chevaux superbes, un éclat métallique! Un état-major est posté sur le passage du défilé...

La rage étreint tous les cœurs et domine la fatigue, la soif, l'épuisement. Tous se raidissent, redressent leurs fronts et font fière mine à l'envahisseur. Plus loin, des régiments d'infanterie prussienne et d'artillerie autrichienne sont massés au long de la route. Les musiques, successivement, attaquent des airs français. Peut-on croire que l'idée de donner aux prisonniers une aubade nationale a délicatement germé dans ces cervelles germaniques? Non, ils raillent cruellement la détresse de ces vaillants trahis par la fortune...

Bartay parcourt les Flandres pour la première fois. Il ignore le nom de ces agglomérations de maisons pillées, détruites. De tous côtés résonnent des phonographes; les Boches en ont fait un butin joyeux et lancent des chansons aux échos de la cité détruite, qui, au lieu de la rumeur du canon, répercutent des valses et des chansons montmartroises. Ils s'amusent, les Boches, avec ces jouets qui ont fait sourire les bouches roses des enfants; ils éclatent d'un rire insolent et lèvent la tête pour considérer le défilé lamentable.

Ordre de s'arrêter.

On en connaît promptement la cause. L'heure de la séparation est venue. Les officiers français conduisaient encore leurs hommes; maintenant ils se rassemblent sur le côté de la route, pour le dernier salut, pour la revue de la suprême misère.

Et c'est d'une tristesse infinie, cet allongement des rangs déjà éclaircis devant ces chefs sans armes, qui violentent leur douleur pour ne pas en repaître l'insolence de l'ennemi.

Tout à l'extrémité, un uniforme diffère des autres. La bande rouge strie le pantalon noir, la moustache qui barre ce visage grave, déjà mûr, est courte et jeune. En passant, Pierre fixe un long regard sur le lieutenant du génie, le dernier du rang. La tête s'est découverte, et la main droite a esquissé un geste, le geste qui absout et bénit, le signe de la croix!

Les doigts de Bartay, en réponse, se sont appuyés sur sa poitrine, à la place du scapulaire...

XI

Il semble aux soldats qu'ils perdent leur dernier recours, aux officiers qu'on les enlève à leur famille.

La première et longue colonne traverse Jeumont.

Une odeur pestilentielle s'en dégage. De chaque côté, des maisons effondrées, brûlées, regorgeant des corps putréfiés des Allemands.

Enfin, la traversée s'achève; on peut reprendre haleine, et l'accroissement de malaise que l'on vient de ressentir procure maintenant à tous, par contraste, une sensation de bien-être.

Soudain, à une petite distance de Pierre, un artilleur s'affaisse, un canonnier aux épaules étriquées sous la largeur de son uniforme, le visage tiré, creusé, noirâtre. Cet homme, avant la mobilisation, avait dû subir les atteintes de la maladie. Cette marche forcée avait épuisé toute sa vitalité.

Un médecin-major s'approcha et se livra à un examen assez consciencieux. Il interrogea en bon français un sous-officier qui, entouré de deux Allemands, tenait la pauvre tête sur ses mains étendues, l'empêchant de toucher le sol.

« Vous le connaissez?

— Non. Il est artilleur, je suis fantassin.]

— C'est vrai; vous ne pouvez rien expliquer. Faible, mal nourri... Si vous en avez beaucoup comme cela!

— Faible ou non, nos soldats ont toujours la résistance du courage!

— Ah! vous avez de la réplique.

— Le sauvera-t-on?

— Vous ne voyez pas qu'il est mort? »

Les mains du sergent tremblèrent.

« Vous avez peur de la mort?

— Pas de celle du champ de bataille; nous la préférons à toute autre. »

Sans répondre, le médecin-major ordonna :

« Enterrez cet homme! »

Un frisson courut parmi les prisonniers. Déjà! Ce pauvre corps était chaud! Déjà! sans qu'aucune des preuves certaines du trépas se fussent mani-festées, on allait l'enfouir dans la terre!

« S'il vivait encore! »

Ces mots, que les bouches murmuraient, se lisaient en clair dans tous les regards.

Un artilleur s'était approché : un camarade de la batterie. Agenouillé près du cadavre, il lui ferma les yeux, ces grands yeux creux tournés du côté de la France.

« Pauvre Hanbu! Il y a une demi-heure, il me disait :

« Il paraît que nous allons camper dans cette plaine... Tant mieux, je suis si las! »

« Il devait s'y reposer pour jamais... »

Et, se penchant, le canonnier embrassa le front raide.

« Pour ta mère! » dit-il.

Les Français avaient demandé l'autorisation de cueillir quelques fleurs dans le champ même où la tombe était creusée à rudes coups de pioches, et les herbes légères, les fleurettes de septembre servirent de linceul à ce pauvre être broyé par l'implacable cruauté du vainqueur.

Un soldat avait ramassé un bluet, un coquelicot, une marguerite, et se pré-parait à les jeter dans le fossé avant que la première pelletée de terre fût lancée. Une main les lui arracha; mais un sous-officier allemand les ressaisit entre les doigts de la brute et les fit tomber sur la tête de l'artilleur.

Le Germain, surpris d'abord, n'avait pas résisté, puis il dévisagea le gradé et s'éloigna en murmurant :

« Encore un wacke! C'est pour garder ces gens-là dans l'heureuse terre d'Empire que nous nous battons! »

Bartay s'était approché de la tombe. Il se découvrit et, à haute voix, récita *Notre Père* en latin, afin que rien de son acte n'échappât aux ennemis.

Deux ou trois Allemands firent en même temps que les Français le signe de la croix.

« Ne pourrait-on marquer cette place? » demanda Pierre au sous-officier qui avait surveillé la funèbre cérémonie.

L'autre haussa les épaules.

« Si l'on faisait ainsi partout, il y en aurait trop! Vos croix et vos pierres gêneraient le soc de nos charrues à l'entrée de l'hiver. »

Bartay réprima la colère qui l'envahissait, mais il fit cette remarque :

« Vous parlez très couramment le français!

— Dix ans de séjour à Paris. Aussi, ce que j'ai hâte d'y revenir! »

La voix d'un officier interrompit le dialogue, heureusement pour Bartay, qui allait répliquer sans prudence.

Les prisonniers peuvent enfin s'étendre en files par quatre; tout homme qui s'écartera de sa place sera immédiatement fusillé : tel est l'ordre.

Pendant la nuit les sentinelles circulent à travers les rangs. Le grand silence est coupé par des détonations fréquentes.

Y a-t-il de nouveaux cadavres gainés dans la terre avant que la mort ait achevé son œuvre et imposé sa certitude?

Le lendemain matin, mal reposés, mais un peu détendus, les Français reprennent leur marche douloureuse.

Où vont-ils? On le leur laisse ignorer : il semble même que l'on cherche à dépister ceux qui peuvent connaître le pays. On avance par une route, presque aussitôt on la quitte pour suivre de petits chemins ou prendre à travers champs. Veut-on prévenir les évasions en ôtant aux prisonniers la facilité de s'orienter?

Sans qu'ils se soient doutés de l'instant auquel ils ont quitté la France, les voici près d'une vaste agglomération belge.

Le campement se fait par groupes, dans des terrains bordés de haies. C'est alors seulement, pour la première fois, que les Allemands distribuent quelque nourriture à leurs captifs.

Chacun touche du pain, de la viande, des pommes de terre.

Tant bien que mal, on s'est ingénié à préparer les repas. Des ustensiles manquent, on en réclame sans insistance.

Pierre se rappelle assez ce qu'il a appris d'allemand au collège pour entendre un officier ventru qui, bourré de victuailles et en veine de plaisanterie, répond à cette requête transmise par un feldwebel :

« De quoi se plaignent ces messieurs? ils ont des cuisiniers français! »

Le souper achevé, l'on s'étend à terre, et, la faim étant apaisée après un jeûne complet de trente-six heures, le sommeil vient malgré la dureté de la couche.

Soudain des appels affolés retentissent; les gardiens parcourent les rangs, hâtent le départ. Une alerte de nuit!

Un médecin-major s'approcha et se livra à un examen assez consciencieux.

On forme les rangs, et, dans l'obscurité, la marche est reprise vers une direction inconnue.

Au terme de cette course précipitée se trouve une gare dont il est impossible de savoir le nom. Un train est sous vapeur.

L'embarquement ressemble à une déroute. A peine le dernier homme est-il monté que la locomotive démarre.

La surveillance des prisonniers devient moins aisée, partant moins stricte. Un caporal, nommé Jacques Miéry, qui a passé plusieurs étés en Allemagne, conte tout bas à Pierre que, tandis que les autres dormaient, lui n'avait pu fermer l'œil; son immobilité ayant donné le change, des conciliabules avaient

eu lieu tout près de lui, dénotant les inquiétudes qui se faisaient jour. Un
sous-officier avait rejoint les autres et déclaré :

« Notre armée bat en retraite sur l'est.

— Et Paris ? avait-on demandé.

— Paris ? on verra plus tard ; en ce moment, on lui tourne le dos ! »

« Voici, sergent, la cause de notre brusque départ. Observez les Boches,
vous noterez qu'ils n'ont plus la même assurance. »

Paris sauvé !

Une joie muette remplissait le cœur de Bartay. Que de détails il aurait
voulu savoir ! Le bombardement avait-il commencé ou toute attaque avait-elle
été prévenue ?

Dans le premier moment, tout à l'émotion de cette nouvelle que les faits
confirmaient, Pierre ne s'est pas rendu compte de la manière dont les Allemands transportaient leurs prisonniers. A présent, il réalise la situation.

Ses compagnons et lui sont enfermés dans un fourgon pavé de fumier de
cheval qui dégage une odeur de plus en plus insupportable ; cinquante Français, deux Allemands qui se carrent à la place de quatre homme au moins !
Les ténèbres règnent, les portes sont closes, de rares petites lucarnes laissent
filtrer un peu d'air.

Chaque homme n'a pas même pour lui seul l'espace nécessaire à la moitié
de son corps, et les pauvres membres recroquevillés semblent appartenir à des
êtres difformes, fantastiques.

Chacun se prête un mutuel appui.

Des contusions douloureuses, des crampes torturent ces malheureux qui
saluent avec joie, comme s'il devait leur apporter la délivrance, le premier
rayon du jour, pénétrant par les trous trop étroits qui ventilent le fourgon
sans enlever l'infection.

Mais avec quelle incroyable lenteur avance le train !

Parfois il semble s'accrocher à des rampes qu'il ne peut gravir, ou bien
reculer et accomplir en sens inverse une partie du trajet fait si péniblement.

Le fourgon est toujours hermétiquement clos : la suffocation devient intolérable pour ceux qui ont les poumons et les bronches sensibles.

Une partie de la journée s'écoule ainsi. La pensée de Pierre s'alimente de
la mystérieuse victoire qui, sans nul doute, va sauver la France.

Enfin le train s'arrête, la porte s'ouvre, l'air pénètre dans le taudis, les sentinelles descendent à tour de rôle et reviennent, la bouche remplie, les mains pleines de victuailles.

Les prisonniers espèrent pouvoir descendre, se procurer quelque nourriture, car la faim augmente encore la souffrance, et la vue de ces hommes qui mangent l'exaspère.

Les tentatives de sortie suscitent les vociférations des gardiens.

Le train repart, et la porte demeure entre-bâillée.

Plusieurs reconnaissent l'aspect des paysages belges. On tente de humer l'air, de voir par les lucarnes l'espace au dehors, comme si cette vue pouvait élargir l'espace au dedans...

Encore le crépuscule ! L'appréhension des ténèbres laissée par la nuit précédente augmente l'horreur de celle-ci. Mais les heures passent, et le jour reparaît.

Très souvent ce sont des croisements de trains. Par les lucarnes on aperçoit leurs chargements : matériel de guerre, munitions, soldats de renfort.

Alors il faut s'écarter des étroites prises d'air, sous peine de recevoir des injures, des crachats, des coups de bâton, toutes les manifestations de la culture allemande !

Enfin permission est donnée de jeter dehors l'horrible fumier de cette écurie subitement changée en prison. Les prisonniers peuvent s'approcher de la porte entre-bâillée. Moins de dureté dans les apostrophes, une nuance de civilisation se fait jour à défaut du généreux sentiment qui inspirerait la conduite des soldats français envers l'ennemi réduit à l'impuissance.

Impossible de réaliser avec exactitude le temps écoulé, ce temps de famine, de douleur animale qui a presque oblitéré la sensation de la souffrance morale. La faim, avivée par la vue des comestibles et des boissons dont les sentinelles sont toujours largement alimentées, devient délirante.

Quarante-huit heures, peut-être davantage, ont passé depuis le départ.

L'arrêt définitif...

« Descendez ! »

Ces hommes tassés, affamés, ankylosés par l'incommodité des postures suppliciantes, éprouvent la sensation de la délivrance.

Ils retrouvent l'élan, la souplesse, pour s'évader de leur geôle ambulante.

En un clin d'œil, tous sont sur le quai de débarquement, les yeux animés, aspirant l'air à pleins poumons.

« Friedrichsfeld, petite gare, vaste camp ! » prononce un officier teuton, qui articule sans accent les quatre mots français.

Lui aussi, il a fait partie des troupes de l'avant-guerre! Il est un familier de
Paris, et il met une sorte de coquetterie provocante à l'attester. Dans les
phrases qu'il adresse à plusieurs gradés français perce l'orgueil de l'occupation
préalable, de l'envahissement de la France trop confiante par le flot germanique, déferlant par petites vagues avant la colossale tempête qui balayera tout
sur son passage.

« C'est la fin du cauchemar! murmure Pierre au caporal Miéry, celui-là
même qui, au premier instant de la captivité, avait fait luire le rayon de patriotique espoir qui l'a soutenu, alors que la dépression matérielle n'avait pas
encore accompli son œuvre. C'est la fin du cauchemar, seulement le mauvais
rêve va commencer, et quand se terminera-t-il? »

Ordre de former les rangs pour traverser le village.

Toute la population, — le plus grand nombre des habitants sont des
enfants! — forme la haie, tandis que défilent les prisonniers.

Un silence absolu plane. Plus d'injures, plus d'insultes, mais ces regards
curieux et ternes accusent-ils la compassion?

Et quand même elle pénétrerait dans l'âme germanique, la main de fer de
« l'Allemagne au-dessus de tout » ne comprimerait-elle pas les gorges, déjà
serrées par la crainte?

XII

« Paris, 8 septembre.

« Mon frère chéri,

« Plus de lettres de toi ; tu nous l'avais annoncé, et nous avons voulu
d'abord croire à une tendre précaution de ta part, à une exagération de la
'crainte que tu avais de nous savoir inquiètes par des retards.

« Tu nous as averties de ne plus t'écrire. Nous nous conformons à cet avis.
Mais il nous semble tromper l'attente, le vide que nous cause la cessation de
tes chères missives, en continuant à te parler... la plume à la main. Puis tant
d'événement vont avoir lieu !

« Plus tard, quand nous nous retrouverons, certaines impressions, certains
souvenirs auxquels tu aimeras à être initié, auront été en partie oblitérés. Le
courant de la vie, à la fois monotone et intense, que nous menons entraîne nos
pensées, les renouvelle, et, forcément, un recul se produit dans la mémoire. Je
trace pour toi une sorte de journal.

« J'ai beaucoup prié ce matin en pensant à Pélissier et au 8 septembre ; la
ferveur redouble. Sainte Geneviève et la bienheureuse Jeanne d'Arc sont
implorées par les moins fervents eux-mêmes ; leurs noms évoquent un recom-
mencement de l'histoire nationale.

« La France vaut un miracle, et, sans trembler devant l'invasion, on ne
peut nier que l'heure en est venue.

« Des bruits, pas de nouvelles précises. Je suis sortie pour essayer de ren-

contrer quelques personnes sûres et informées. Dans la rue, on entend sans
écouter. Mieux vaudrait user du procédé d'Ulysse et boucher ses oreilles avec
de la cire.

« Le départ du Gouvernement pour Bordeaux n'a pas jeté le trouble
qu'eussent souhaité les ennemis et que, sans doute, ils escomptaient. Je ne fais
aucune réflexion à ce sujet, j'écoute les discussions sur le pour et le contre. Le
sentiment unanime est la confiance dans l'autorité militaire. Galliéni est
maître, après Dieu, à bord.

« En banlieue, plus d'agitation qu'à Paris. Sur différents points, l'affolement. L'ordre d'évacuer les habitations situées dans certaines zones a surpris
beaucoup de gens.

« Ce furent, m'a-t-on conté, des exodes navrants de familles nombreuses,
ne sachant où se réfugier, mêlées aux fuites bruyantes, presque scandaleuses,
de gens moins intéressants.

« Le patriotisme commande le calme.

« Toutes les automobiles non réquisitionnées emportaient des femmes en
cheveux, chargées d'objets jetés à la hâte dans des cartons, et souvent les plus
inutiles !

« Partir, même quand le gouverneur militaire ne vous y obligeait pas, était
devenu une idée fixe, une folie, un mal contagieux.

« Je remercie Dieu de notre tranquillité d'âme. Nous attendons, essayant
de démêler le vrai du faux.

« Quelques journaux soutiennent admirablement l'esprit public. Le comte
de Mun s'est dévoué à cette œuvre, une de ses plus belles, et qui sera peut-être
la plus féconde.

« Le nom du général Maunoury est souvent prononcé ; il semble résumer
de grands espoirs.

« C'est l'homme qui ne promet pas au delà des limites du plus *grand
possible*, et qui tient le mieux ce qu'il promet, m'a dit une femme de haute
intelligence qui l'a approché de près dans des circonstances tragiques de sa
propre vie.

« Quand on a senti la profondeur et la clarté de son regard, un sentiment
de confiance et de foi vous envahit.

« Les Allemands ne le vaincront pas s'il a promis de sauver Paris !

« S'il y a miracle, on se réjouira qu'un tel homme ait été un des instruments de Dieu.

« Parmi les nouvelles que j'ai recueillies, voici celle qui nous intéressait le plus :

« Maubeuge résiste énergiquement, sous les « violentes décharges d'artillerie ».

« J'ai éprouvé un sentiment de joie et de fierté.

« De joie, parce que c'était *presque* entendre parler de toi. De fierté, parce que tu étais au nombre de ceux qui luttaient pour conserver à la France une des plus belles forteresses de la grande époque. Mais que se passe-t-il aujourd'hui, et quand apprendra-t-on qu'une sortie triomphante vous a délivrés de l'encerclement de feu?

· ·

« Je me rendais à Saint-Étienne du Mont, lorsque, au bas de la rue Soufflot, j'ai été rejointe par Blaise.

« Le pauvre enfant haletait.

« — Ma tante m'a indiqué l'itinéraire de vos courses, me dit-il, j'arrive à temps ; une fois dans la foule, je ne vous aurais pas rejointe.

« — Pourquoi depuis cinq jours nous avez-vous abandonnées? lui ai-je demandé.

« — Oh ! pardonnez-moi de m'être fait attendre ainsi ; j'étais souffrant et n'osais vous le dire. Ma tante est si bonne que, peut-être, elle aurait voulu venir me voir et se serait fatiguée. Inventer un prétexte me répugnait. Ma tante ne m'en veut pas.

« — Autant me dire que je n'ai pas le droit de vous en vouloir! Enfin, vous êtes rétabli? »

« Je me faisais sévère. Tu m'as confié cet enfant; je ne veux pas qu'il se soustraie à notre sollicitude, et cependant il est sage de ne pas exciter une sensibilité déjà trop grande.

« — Si pareil fait se renouvelait, avertissez-nous. Nous irions vous chercher, vous occuperiez la chambre de Pierre. Vous n'avez pas de famille, la chère place est vide... »

« Il s'est ému.

« — Vous trois, vous êtes parfaits pour moi ! J'ai été privé de ne pas vous voir.

« — Et comment êtes-vous libre à cette heure-ci?

« — Une permission spéciale en l'honneur de sainte Geneviève a été donnée dans la maison.

« — Vous avez foi dans son intercession?

« — Comme si je l'avais vue entourée des femmes de Paris, dont elle a relevé le courage.

« —Et dans quelle forme espérez-vous le miracle? »

« Il hésita un peu.

« — Je ne puis, dit-il, vous exprimer que des idées qui ne sont pas miennes, heureusement pour vous; ce matin même, j'ai été instruit sur ce point, et en très haut lieu.

« Le miracle absolu est un acte de la puissance divine qui supplée, *supprime* ou modifie l'action régulière des causes secondes. Devons-nous l'attendre ainsi? Ne serait-il pas trop éclatant, j'allais dire trop écrasant?

« Laisserait-il une assez grande part à la continuité de la prière, à la pénitence? Amènerait-il le retour définitif à Dieu de certaines âmes incroyantes, qui retomberaient aussitôt, par la sécurité si vite acquise, dans une indifférence commode ou dans une hostilité qui leur fût avantageuse? Rappelez-vous les neuf lépreux.

« Ce n'est pas moi qui parle, je cite. J'attends plutôt un miracle « relatif » qui nous enchaînera par la reconnaissance et nous donnera la volonté d'obtenir plus encore en redoublant notre ferveur encouragée, récompensée, mais non rassasiée.

« — Et le miracle « relatif »?

« — Ce sera l'acte de la Providence divine qui *dirige* les causes secondes et leur fait produire un résultat inattendu et inexplicable.

« — N'est-il pas en train de s'accomplir, d'après certaines nouvelles?

« C'est ma croyance. Dieu laissera les hommes agir librement. Il les conduira en souverain! Nos généraux sont habiles, nos soldats sont braves. Dieu se servira d'eux, comme au temps de Jeanne d'Arc.

« Les hommes d'armes batailleront et le Seigneur donnera la victoire.

« — Vous avez été troublé par les bruits qui ont couru, mon cher Blaise?

« — Troublé! oui. Mais j'espérais... Il me semblait que cette ruée était canalisée entre des digues vivantes.

« — Des gens qui criaient alors : « Tout est perdu! » murmurent à présent : « Tout est sauvé! »

.   .   .   .

« Nous arrivions à Saint-Étienne du Mont.

« Un grand nombre de fidèles se massaient sur la place au plus près possible de l'entrée, recueillis comme s'ils eussent été au milieu du sanctuaire.

« En égrenant mon chapelet, je songeais : Tant de ferveur ici ! Tant de froid paganisme et de desséchant orgueil dans le temple voisin, dont la sainte a été bannie et qui appartient désormais à la mort..., à la mort noire, ténébreuse.

« Le peuple de Paris a fait justice du bannissement. Il a laissé les morts ensevelir leurs morts ! Des échos de l'office nous arrivaient; la foule du dehors chantait avec celle du dedans, et, lorsque, plus tard, la cérémonie terminée, nous avons pu pénétrer dans l'église, la châsse nous éblouit dans un faisceau de lumières et d'ors.

« Dans l'ombre gisent les demi-dieux du Panthéon.

« Un peu après, rue de Médicis, je rencontrai notre vieil ami C...

« — Vous n'avez pas peur, ma petite Annette? »

« Telle est l'apostrophe dont il me salua, et comme je lui répondis négativement, il énuméra nos défaites du Nord et des Ardennes, prononça des noms devenus sinistres auxquels il donna une expression terrifiante, et conclut :

« — C'est la ruée ; c'est le flot !

« — Cependant, affirma Blaise doucement, ce soir on annonce que les Allemands obliquent vers l'est.

« — Une feinte, jeune homme ; ils reviendront par le sud. Emmenez votre mère, mon enfant, loin d'ici.

« — Mais, cher monsieur, vous restez?

« — Que voulez-vous, je suis un homme et puis je tiens à mes habitudes avant toutes choses. D'ailleurs, mon petit entresol est près de la cave, tandis que votre perchoir du troisième...

« — Avouez que mieux vaudrait être foudroyées dans notre perchoir que de mourir lentement, asphyxié dans votre cave. »

« J'ai eu regret de mes paroles un peu trop vives. J'avais été vexée de découvrir le pessimiste dans ce brave homme en qui j'eusse voulu trouver un homme brave.

« — Demain, lui dis-je, vous serez aussi en sûreté dans votre entresol que nous dans notre troisième étage. Les Allemands ne verront même pas le sommet de la tour Eiffel. »

« Avec une cordiale poignée de main, nous nous sommes séparés. Il m'a semblé que la physionomie de M. B... était rassérénée.

« Comme il est vraiment aisé de distiller un peu de sa propre confiance !

C'est surtout la foi que je voudrais communiquer à cet être isolé dans sa vie d'égoïste.

« Nous marchions en silence, lorsque soudain Blaise remarqua :

« — Nous avons été touchés tous les deux ; vous, par la supposition que vous pouviez avoir peur.

« — Un peu ; et vous, Blaise?

« — Oh! j'éprouve un tel sentiment d'amertume lorsque l'on me qualifie « jeune homme!

« Je voudrais que l'on me traitât en enfant ou en vieillard. Les deux mots « jeune homme » accusent non ce que je *suis*, mais ce que je *devrais* être!

« — Ne cherchez pas de souffrance inutile et ne donnez pas toujours aux mots la valeur d'une idée. Toute peine est un beau joyau sur lequel il ne faut pas tailler de trop multiples facettes. »

« Le pauvre Blaise a baissé la tête.

« — Vous avez raison, cousine Annette, et c'est un triste sujet que de penser toujours à moi-même.

« — Vous vous malmenez parfois comme un coupable, ou vous vous regardez comme une victime. Vous allez monter avec moi et m'aider à préparer notre repas, que vous partagerez. »

« Et d'être associé à notre vie familiale a ramené le sourire sur ces pauvres lèvres blémies, presque convulsées. Le regret dévore Blaise et tourne à l'idée fixe. J'ai peur pour sa raison. »

XIII

La plaine sablonneuse et déserte de Friedrichsfeld s'étend à quelques kilomètres au nord de Wesel, au confluent du Rhin et de la Lippe. Étant situé à trente kilomètres environ de la frontière hollandaise, le camp est l'un des plus sévèrement gardés.

Son enceinte est entourée par quatre réseaux de fil de fer barbelé, dont l'un est parcouru par un courant électrique à haute tension; elle forme un quadrilatère d'environ cinq cents mètres de côté.

Nuit et jour, de nombreuses sentinelles gardent le camp, dont le périmètre peut être, au besoin, éclairé par des lampes électriques à forte puissance et placées à cinquante mètres les unes des autres.

C'est donc une forteresse factice, improvisée en plein air, mais qui évoque la parole de Dante : « Ici, il faut laisser toute espérance! » A l'extérieur, en face de chacun des côtés, les geôliers ont établi des plates-formes surélevées de quatre à cinq mètres.

Ces plates-formes sont, en réalité, de minuscules parcs d'artillerie. Chacun supporte une mitrailleuse avec des munitions et des servants en permanence.

Aux angles, des canons, des caissons en batterie, des soldats en grand nombre sont postés à proximité; et tout est tellement préparé, voulu, dans cette mise en scène d'intimidation, que chaque mouvement des hommes semble réglé en vue d'une manœuvre immédiate.

De toute évidence, l'Allemand cherche à provoquer la dépression chez les Français qu'il sait être toujours pleins de ressort et doués de tant d'initiative.

Immédiatement, par centaines, les prisonniers furent introduits ou poussés, suivant le degré de brutalité de leurs gardiens, dans les baraques, constructions rudimentaires en bois qu'ils étaient chargés de terminer.

Cent mètres de longueur, dix-sept mètres de largeur, trois mètres cinquante de hauteur moyenne.

Les toits en carton bitumé laissent en certains points voir la fissure par laquelle doit passer l'eau des pluies. A travers de rares fenêtres de un mètre sur un mètre cinquante peut-être, filtre une faible lumière qu'assombrit encore le sol goudronné. L'aspect est lugubre.

Une cloison pleine sépare en deux chaque baraque, qui possède un numéro d'ordre, auquel on adjoint soit la lettre A, soit la lettre B, pour distinguer les deux fractions.

Le camp contient exactement trente baraques disposées par groupes de dix ; dans chaque groupe, elles sont placées parallèlement entre elles, et séparées les unes des autres par un passage de sept à huit mètres de largeur.

Les deux premiers groupes se font vis-à-vis à une distance d'environ cent mètres. Le troisième, un peu à l'écart, est disposé en ligne perpendiculaire.

De ces arrangements résulte un emplacement assez vaste dans lequel sont construites des cuisines en bois dont l'installation est convenable.

Chaque demi-baraque possède sa cuisine particulière avec deux chaudières. Les emplacements libres servent à la promenade et aux exercices.

Bartay se trouvait logé dans la même demi-baraque que Miéry ; ils causaient souvent ensemble.

Il y avait dans leurs deux existences des points de contact. Dans le passé, nécessité de se mettre au travail rémunérateur à l'âge où les autres jeunes gens perfectionnent leurs études ; même volonté de réussir. Dans le présent, résolution de faire tête à la mauvaise fortune des armes. Et, pourtant, une gêne indéfinissable se glissait entre eux lorsque certains mots étaient prononcés. Ni l'un ni l'autre ne voulait en approfondir la cause, dans la crainte, encore vague, de découvrir des idées divergentes en matière grave ; et chacun préférait ignorer.

Après les premiers épanchements qui les avaient rapprochés, ils s'en tenaient aux lieux communs, ou, quand ils parlaient de leur famille, de leur enfance, ils y apportaient une extrême discrétion.

Le temps était devenu pluvieux. Le sol sablonneux et plat se transformait en marécage, on y enfonçait jusqu'aux chevilles; l'eau pénétrait dans les chaussures.

Rien n'avait été préparé en vue de l'hygiène et des convenances les plus élémentaires dans ce camp où vingt mille hommes étaient rassemblés, et qui, hors de leurs baraques, étaient forcément en vue des promeneurs... et des promeneuses!

Le scandale causé aux Français et aux alliés par la pudique Allemagne fut long à cesser. Enfin on se décida à édifier des abris.

Nul écoulement; des puisards, pratiqués en face des baraques, recevaient les eaux de cuisine, de toilette ou de blanchissage.

Le croupissement de ces eaux déterminait d'infectes odeurs.

« Veulent-ils donc nous faire tous mourir de la fièvre typhoïde? » fit remarquer Bartay.

Miéry, appuyant sur les mots, car il voyait quelques soldats allemands à portée de la voix, prononça :

« Ils ont trop peur pour eux-mêmes, on changera cela! »

Deux têtes s'étaient retournées.

« Ceux-là sont venus nous espionner, murmura le caporal. Ils savent le français, mais, par orgueil teuton, ils ne voudront pas croire que cette phrase s'adresse à eux et à leurs semblables; seulement la peur les gagnera, et ils la répandront jusqu'aux oreilles de la *kommandatur* et parmi leurs compatriotes. »

Il continua, la voix toujours haute, la parole lente :

« Remarquez donc, sergent : toutes les pompes d'alimentation sont installées à proximité de ces puisards; et la nappe d'eau n'est, paraît-il, qu'à cinq ou six mètres de profondeur. Notre captivité ne nous apprendra aucun perfectionnement d'hygiène, et tant parmi nous ont cru autrefois que l'Allemagne, sur ce point, tenait la tête des nations civilisées !

« Nous voilà guéris de notre manie de nous déprécier! »

Tous deux observèrent la rougeur qui montait à la face des deux hommes qui restaient à proximité, tout en feignant de ne pas écouter.

« J'ai bien visé, déclara Jacques Miéry, entraînant Pierre un peu plus loin. L'un d'entre ces territoriaux est un *herr professor;* il y en a plusieurs ici. J'en ai tant vus, semblables à lui, lors de mes voyages en Allemagne! Par quelle circonstance cet intellectuel est-il simple deuxième classe? Peu nous importe. Mais je serais étonné qu'il n'osât point jeter l'alarme, tout en s'attribuant une trouvaille qui ne nécessitait pas une mentalité de « grand

6

sourcier », et peut-être verrons-nous bientôt nos propres hommes, pioches en main, pratiquer des conduites pour emmener les eaux sales hors du camp et dégager ces poubelles kolossales ! »

Lentement ils continuèrent leur promenade, exercice toléré à cette heure du jour, et s'approchèrent de la première rangée de fils de fer.

Par cette belle journée d'automne, les promeneurs étaient nombreux.

L'autorité militaire interdisait toute communication entre les civils et les prisonniers, mais les délits étaient fréquents. Le soleil, assez récalcitrant, avait fini par sortir des nuages, et les *Gretchen* avaient arboré des toilettes claires, soi-disant élégantes. Le patriotisme des jeunes Allemandes n'allait pas jusqu'à vouloir se montrer aux Français « comme des épouvantails ».

Pierre, vivant entre deux femmes d'esprit sérieux, d'habitudes graves et simples, ne prêtait pas la même attention que Miéry au manège des jeunes Tudesques, et, d'ailleurs, il essayait péniblement de comprendre les bribes de conversation que son ami saisissait au vol.

Non loin d'eux, un groupe de zouaves attirait les regards. Une foule mêlée de gens de tous les rangs sociaux s'était massée pour suivre des yeux leurs allées et venues. Les femmes braquaient des lorgnettes ou des faces-à-main.

« Insolence ou indécence ? »

Les trois mots partirent comme un coup de sifflet des lèvres d'un sous-officier à mine particulièrement crâne.

Ni les fatigues de la guerre, ni l'effort terrible d'une lutte homérique aux frontières belges, ni les privations et la tristesse de la captivité n'avaient eu raison de son entrain et de son allant.

La façon pittoresque dont il portait sa chéchia, la désinvolture de ses mouvements, son ascendant manifeste sur ses camarades, avaient excité autour de lui, parmi les gardiens allemands, un double courant d'impressions, jalousie chez les uns, admiration étonnée chez les autres.

« Quand je les épate, ils sont presque gentils, » disait-il parfois.

Tandis que les Gretchen, en robes de piqué blanc, continuaient à chercher les moyens de lier conversation avec Bartay et Miéry, plusieurs autres jeunes femmes avaient tenté d'interpeller le sergent des zouaves.

Un gros homme à favoris roux, à l'air important et gonflé, surveillait cette scène d'un regard irrité.

Enfin une voix féminine, gutturale, jeune et assez résolue, lança :

« Vous devez bien vous ennuyer là-dedans ?

— Tout juste ! Comment avez-vous deviné cela ? »

Le ton était si narquois, que ce fut un éclat de rire général dans le groupe des prisonniers.

L'Allemande avait assez de pratique du français pour saisir la raillerie du propos ; elle s'empourpra et sentit qu'elle enlaidissait sous les

Le zouave s'était croisé les bras.

regards moqueurs de ces Gaulois, passés maîtres en l'art de jeter le ridicule sur autrui.

Elle songea que la meilleure manière de l'éviter était de rire très haut ; mais son gros rire lourd n'avait rien de la grâce féline du rire des jeunes Françaises. De l'autre côté des fils de fer, la gaieté redoubla.

Des deux factionnaires les plus rapprochés, l'un s'efforçait de garder son sérieux, l'autre roulait des prunelles de dogue enragé et grondait férocement.

« Étonnants, ces Français ! quel ressort ! s'écria la jeune personne.

— Hilda ! interpella une voix tonitruante, je vous interdis de tenir un langage aussi déplacé, aussi antipatriotique ! Vous êtes folle, scandaleuse ! »

Le gros homme, père de la délinquante, passait une main dans ses favoris rouges et, de l'autre, brandissait sa canne, grommelant :

« Si je pouvais leur casser la tête à tous ! Misérables, qui avez déchaîné la guerre contre nous, par jalousie de notre commerce et de notre industrie qui gênaient vos amis les Anglais ! Ah ! qu'ils se moquent de vous, les Anglais ! Vous verrez comme ils lâcheront pied dès que notre empereur aura détruit leur misérable petite armée ! »

Il s'était d'abord adressé en allemand à sa fille ; à présent, il faisait appel à toute sa connaissance, d'ailleurs assez étendue, de la langue française pour que ses paroles portassent plus loin.

Le zouave s'était croisé les bras.

« Eh bien ! dit-il, si nous parlions un peu des Russes, maintenant, après avoir échiné les voisins d'outre-Manche.

— Les Russes ! »

Un éclat de voix emporta l'invective qui suivit.

« Silence ! silence ! ordre de circuler partout, en dehors et dedans ! vociférait un feldwebel, tantôt en allemand, tantôt en français. Incorrigibles bavards !

— Hé ! doucement, cria le civil ; ayez des égards pour moi ! Ces gens-là bavardaient déjà du temps de Jules César, si bien qu'il les a vaincus ! Nous, nous les écraserons !

— Papa, murmura Hilda, et le voyage à Paris que vous me promettiez à chaque prix de français remporté au gymnase ? Quand vous aurez écrasé toute la nation, comme vous le souhaitez, qu'est-ce que vous pourrez bien m'offrir ? »

Et elle ajouta, faisant une moue disgracieuse à l'adresse des gens qui l'entouraient manifestant une indignation qu'elle ne craignit pas d'accroître encore :

« Si Paris devenait tout pareil à Berlin, cela ne vaudrait plus la peine d'y aller ! »

Au moment où les Gretchen allaient tenter, elles aussi, par émulation, un échange de paroles avec Bartay et Miéry, une musique, moins nourrie et plus criarde que les musiques militaires, commençait à se faire entendre, puis se rapprochait peu à peu.

Deux ou trois agents, qui venaient de surgir au milieu des promeneurs, les firent écarter.

Des porteurs de drapeaux, gamins d'une douzaine d'années, précédaient un cortège d'écoliers et d'écolières qui défilèrent au pas de parade.

« Le pas des oisillons! » murmurèrent les prisonniers.

Puis un arrêt; demi-tour, face au camp!

Gros ou étiques, les maîtres et maîtresses, la face barrée de lunettes ou de binocles, levèrent chacun doctement un doigt, et avec un ensemble parfait déchaînèrent la *Garde au Rhin*.

L'air en était devenu familier aux captifs; chacun, suivant son inspiration, fredonnait, à l'adresse de « l'Allemagne des gosses », des paroles de son cru.

Menaces! bourrades! coups de crosse! jurons!...

Les factionnaires firent reculer les prisonniers, les repoussant vers l'intérieur du camp.

« Et la « leçon de choses » que l'on veut donner à votre classe 22? » railla le sergent de zouaves, en s'adressant à un sous-officier de landsturm avec lequel il avait pris des habitudes de franc-parler.

Cet incident avait coupé court à la promenade de chaque côté des défenses du camp. Ramenés vers les baraques, les prisonniers rentraient, encadrés par leurs gardiens maugréant; la foule s'écoulait. Hilda boudait, et le puissant bourgeois, son père, calculait, non sans amertume, toutes les sommes alignées, en plus de la pension habituelle, sous la rubrique *Cours et leçons de français,* sur les notes déjà élevées du gymnase Anspach, si réputé à Munich.

Un feldwebel, qui marchait près de Bartay et du caporal pour leur faire hâter le pas, leur désigna, d'un geste automatique, le vaste camp d'instruction et les bâtiments où logeaient les dernières recrues.

« Savez-vous qui a construit cela? » interrogea-t-il après avoir cherché longtemps ses mots.

Le regard des deux Français accusait la plus totale indifférence.

En ce moment, les jeunes soldats allemands se livraient à des exercices de tir dont le bruit pouvait d'ailleurs empêcher les prisonniers d'entendre nettement la question de leur gardien. Une même pensée leur étreignait le cœur.

Ces bleus s'exerçaient à la tuerie. Combien des nôtres, quelques mois plus tard, tomberaient sous la justesse de leur tir ainsi préparé?

Les prisonniers détournaient la tête, silencieux, mais le feldwebel au poil

hirsute, lourd et laid, éprouvait le besoin de prendre sa revanche des dons que
la nature, plus libérale envers eux, avait accordés à ses captifs.

« Construit en 1870, prononça-t-il, en appuyant sur le chiffre, armée de
Sedan. Toute votre armée prise d'un coup de filet, et, après... *votre* Bazaine...
à Metz... Caserne pour préparer ceux qui vont achever de vous battre. »

Le sang monta violemment aux joues de Pierre et de Jacques Miéry.

Bartay avait frémi sous l'insulte.

« Misérable lâche ! »

Les syllabes vinrent mourir sur ses lèvres. La vision de sa mère et de sa
sœur passa devant ses yeux.

« Si j'étais tombé sur le champ de bataille, songeait-il, elles seraient fières
de leur malheur; mais la condamnation et l'exécution dans le camp ennemi,
du fait d'un méprisable insulteur, cela ne vaut pas le bon sang de France qui
prendra bientôt sa revanche. »

D'un mouvement rapide, il saisit le bras levé de Miéry qui allait retomber
sur la tête du feldwebel.

La bouche large et mauvaise de l'Allemand se contracta; il eût préféré
recevoir le coup ! Quelle vengeance il eût su exercer !

« Ah ! dit-il rageusement, des menaces ! Vous nous devez, vous,
prisonniers, respect et obéissance. On passe facilement par les armes
chez nous ! »

D'un geste violent, Jacques s'était dégagé, et, sans le vouloir, pointa son
coude dans la poitrine de Pierre.

« Il ne s'est livré à aucune voie de fait, monsieur le feldwebel ! s'écria
Bartay.

— Absolument pas. »

Deux sous-officiers boches qui s'étaient arrêtés depuis un instant soutenaient l'assertion du sergent français. Hansfeld était détesté. Sa brutalité n'étonnait pas ses compatriotes, mais elle était doublée de tant de méchanceté gra-
tuite, pour le plaisir cruel de faire le mal et de jouir des conséquences
de ses basses intrigues, qu'en retour le premier mouvement des autres était de
le contrecarrer en tout ce qu'il disait ou faisait.

Cette circonstance avait valu à plus d'un prisonnier, persécuté par lui, de
menues tolérances, et aux gradés quelques démonstrations de courtoisie en
opposition aux duretés systématiques d'Hansfeld, par unique souci de vexer
ce dernier.

Celui-ci n'était jamais à court de moyens pour satisfaire ses rancunes.

Il ne protesta pas, et, affectant la conciliation :

« Je ne discuterai pas avec vous, dit-il, le fait n'ayant pas réalisé l'intention; mais il est indéniable que ce caporal a voulu frapper son compatriote, son supérieur. Nous ne pouvons assurer la bonne tenue du camp en tolérant un pareil acte d'indiscipline, de rébellion ! Jusqu'alors nous avions eu à nous plaindre, parfois, de l'attitude de nos ennemis à notre égard; dans leurs rapports entre eux, ils se montraient corrects. Il faut prévenir le retour d'un semblable fait. »

Pierre s'efforçait de comprendre, ce long monologue était trop différent des conversations imprimées dans les méthodes et dans les vocabulaires pour qu'il pût le suivre. Il voyait Jacques pâlir et se crisper, et, par cela même, il devinait que la situation devenait grave; il n'osait pas demander à Miéry de lui traduire cette harangue dont les quelques mots qu'il avait pu saisir l'alarmaient fort.

Par délicatesse pour Bartay, le caporal fermait hermétiquement la bouche. De la part de Hansfeld, il fallait s'attendre au pire.

Un dégoût profond pénétrait dans le cœur de Miéry. Il sentait le poids le plus dur de la captivité, l'humiliation, s'abattre sur ses épaules.

« Pourquoi Bartay m'a-t-il empêché de souffleter cet homme? songeait-il. J'en aurais fini tout de suite : douze balles eussent vite troué ma peau, tandis que, maintenant, ce sera la perpétuelle, révoltante persécution. »

Pas un acte de foi dans le recours suprême, pas un rayon d'espérance! L'indifférence avait cristallisé tout germe religieux et l'hostilité railleuse l'avait côtoyée.

Immobile, Hansfeld demeurait à la même place, sans un geste qui manifestât sa volonté d'entraîner Miéry ou de le faire saisir par les gardiens.

Les deux autres sous-officiers s'étaient éloignés de quelques pas, sans perdre Hansfeld de vue; évidemment, leur présence gênait celui-ci. Il prit le parti de tourner les talons, après avoir répondu par un geste irrité au salut de Bartay.

Qui l'eût suivi l'eût entendu murmurer entre ses dents, avec son plus haïssable sourire :

« Ceux qui ne le savent pas encore apprendront qu'il n'y a pas meilleur créancier que moi. Je paye largement mes dettes. Je sais remettre au lendemain, pour mieux régler mes comptes ! »

XIV

La nuit fut terrible; un orage s'étant subitement déchaîné, des torrents d'eau s'abattirent sur le camp et achevèrent d'élargir les fissures du carton bitumé.

Plusieurs couchettes (définition somptuaire des malheureux sacs de jute!) étaient inondées.

Ceux qui n'avaient pas été atteints par la redoutable douche s'étaient levés avant même le complet éveil, pour aider leurs camarades à arrêter la chute d'eau avec tous les récipients, gamelles, seaux, bouteillons, mis déjà en usage lorsque la buée perpétuelle qui remplissait les baraques, insuffisamment aérées, se condensait sous le toit et retombait liquéfiée sur les dormeurs.

Des morceaux de papier goudronné, restes des travaux d'achèvement de ces édifices de fortune exécutés par les prisonniers eux-mêmes, quelques planches et des couvertures, permirent d'établir un second toit, en plan incliné, protégeant au moins les couchettes, et rejetant l'eau dans l'allée intérieure.

Au matin, après un court repos, lorsque les hommes ouvrirent les portes et les fenêtres, un air froid, chargé d'humidité, acheva de les glacer.

La pluie tombait drue, fine, avec une exaspérante régularité.

Ceux qui étaient allés chercher le quart de café réglementaire revinrent tout frissonnants, espérant que la chaleur de la boisson se communiquerait à leurs membres glacés.

Soigneux, les cuisiniers conservaient le marc, et en préparaient le liquide consommé dans la journée pour suppléer au manque absolu d'eau potable.

Dans la chambre, l'adjudant français, chef de baraque, rendait compte à un lieutenant prussien des incidents de la nuit. Comme il avait appelé près de lui les autres sous-officiers, Bartay, en quête de Miéry qu'il n'avait pas aperçu encore, dut interrompre ses recherches.

L'adjudant Poncelot était un homme résolu, très maître de lui, qui, depuis la fin de son service militaire, dirigeait dans un faubourg de Paris une entreprise de menuiserie, transmise de père en fils, depuis plus d'un siècle.

Il discutait avec autant de sang-froid que s'il se fût agi de débattre avec un de ses clients le prix de travaux importants.

Resté pendant plusieurs années au service, il avait conservé l'allure militaire qui, d'ailleurs, avait si bien maintenu parmi ses ouvriers l'ordre et la discipline, que nulle propagande anarchiste n'avait jamais réussi à les entamer.

« Vous constatez vous-même, herr lieutenant, l'état déplorable du sol. Nos paillasses sont transpercées ; vous savez que les gradés n'ont aucun confortable, certes nous ne demandons pas un traitement de faveur ! Nous souffrons ce que nos hommes souffrent, ceci va à l'encontre de tous sentiments de simple humanité.

— Souffrir ? vous exagérez.

— Puis-je dire moins, herr lieutenant ? Vos soldats peuvent-ils impunément rester exposés à l'humidité, à la pluie, porter des vêtements détrempés, coucher dans la boue ? »

Les sourcils froncés, l'Allemand prononça :

« C'est la guerre ! Croyez-vous que mes compatriotes, pendant la campagne, coucheront dans des lits, marcheront dans des chemins sablés ? »

Désigné comme interprète, cet officier de landsturm, qui avait été professeur dans une grande ville de France, parlait lentement, savourant ses propres périodes, escomptant ses effets.

Avec la sobre énergie du vrai travailleur français instruit par son labeur et son initiative personnelle, l'adjudant protesta.

« Nos camarades, eux aussi, ont et auront à supporter toutes les intempéries ; ils les accepteront bravement, mais ils seront soutenus par l'action, ils agissent sans cesse, ils ont, herr lieutenant, ce que les Français aiment au-dessus de tout, la liberté et des armes !

— Ah ! bien dit ! Professeur ?...

— Non, patron ouvrier ! »

Une grimace infléchit les lèvres du Teuton. Il grommela dans sa langue maternelle :

« Dangereux les ouvriers qui parlent trop bien ! »

Son orgueil professionnel eût préféré entendre un intellectuel s'exprimer ainsi, plutôt qu'un artisan. Il reprit :

« Depuis quelques années, beaucoup d'entre vous ont une certaine culture, surtout à Paris ; car, il faut l'avouer franchement, malgré tous les vices et défauts de votre... capitale, peut-être devrais-je m'exprimer autrement : votre ex-capitale... »

Les sous-officiers avaient blémi. Soudain, la possession de soi-même qui faisait la force de leur chef l'abandonna.

La raideur de la position militaire à laquelle les captifs étaient sans cesse exercés et soumis se mua en une attitude de colère angoissée, et il jeta ces mots :

« Que voulez-vous dire ? »

L'Allemand, satisfait du trouble que sa phrase avait produit dans les « têtes françaises », et plus Teuton par système que par nature, ne sévit pas contre cette infraction, se bornant à se délecter dans sa propre supériorité.

« Paris est à nous ou le sera !

— Oh !

— Je n'affirme pas le fait comme immédiat mais comme certain ; l'absolu de la certitude n'entre pas dans le temps. Qu'importe que ce soit aujourd'hui ou demain ! Ne craignez rien, d'ailleurs ; sous le gouvernement de notre empereur, l'élu de Dieu, les torts des vôtres seront redressés par notre culture. Paris sera plus resplendissant, car la France ne commettra pas la folie de le laisser détruire, quand elle a tout intérêt à marcher dans notre sillage en s'alliant à nous. »

Le herr professor comptait sans la perspicacité française, qui, sous ce projet d'alliance, découvrait aisément l'efficacité de la défense nationale et de l'héroïque effort des alliés, cette pensée effaça rapidement l'impression irritante du discours. L'armée allemande avait subi un échec, nul doute...

L'adjudant s'était ressaisi et ramena la faconde de l'orateur aux précisions et au but de l'entretien.

« Herr lieutenant, reprit-il, nous avons beaucoup fait pour terminer les constructions.

— Je sais, c'est votre intérêt.

— Les hommes passent, les demeures restent, murmura Pierre.

— Sergent, c'est à votre supérieur que je parle. »

Bartay pressa les dents sur la lèvre inférieure; il s'était attiré cette remarque désobligeante plus encore par le ton que par la forme, et en voulait à la fois au Prussien et à lui-même.

Que faisaient-ils là, lui et les autres sous-officiers, s'ils ne devaient pas ouvrir la bouche?

Le désir de retrouver Jacques s'accentuait, énervant. Après les incidents de la veille, il souhaitait vivement causer avec lui et se reprochait de ne pas avoir cherché à le joindre dans la baraque, après le dîner.

Le dîner? ironie: l'absorption de la mixture de pommes de terre et de riz mêlés d'orge et d'avoine!

Poncelot avait enfin ramené l'officier allemand au fait.

« Oui, je sais, vous vous êtes montrés assez ingénieux, et certaines baraques ont bonne apparence.

— Nous ne demandons qu'à travailler, herr lieutenant, et si vous pouvez nous fournir des matériaux...

— Vous en avez été abondamment pourvus.

— Sans cela, eussions-nous terminé les baraques? Wesel est un centre suffisant pour qu'on y trouve du mâchefer afin de tracer des chemins dans le marécage que deviendra le camp cet hiver, et du bois pour fabriquer des planchers, qui transformeront en véritables salles ces installations plutôt... barbares!

— Barbares?

— Oui, herr lieutenant, convenez-en! Comparez ces aspects avec l'ordre qui doit régner là-bas, dans les casernes voisines. Vous ne voudriez pas voir vos compatriotes logés de telle sorte en France?

— Mais... aucun des nôtres n'est tombé entre vos mains!

— Le sort de la guerre, comme vous le dites souvent, a certainement... »

L'officier l'interrompit :

« Laissons ce sujet. Je rendrai compte à mes chefs de ce qui s'est passé cette nuit, et des améliorations que la saison peut rendre nécessaires. Nous prenez-vous pour des bêtes féroces? Croyez-vous que nous voulons la mort des vôtres? L'artillerie suffit comme agent destructeur... Hein? quoi donc? j'ai cru entendre... »

Personne ne semblait avoir ouvert la bouche, et, néanmoins, ces deux mots : « soixante-quinze » avaient passé vaguement dans l'air. Un des sous-officiers avait-il oublié le respect dû au herr lieutenant des armées du kaiser au point de compter tout haut!

Impossible de savoir d'où venait cette arithmétique anonyme!

Les talons et les jambes se joignirent à l'allemande, l'officier se retira et traversa la baraque dans toute sa longueur, marchant avec précaution, pour éviter d'enfoncer dans le bourbier, peu soucieux des captifs qui le saluaient debout au pied de leurs misérables paillasses détrempées, se gonflant d'orgueil à l'idée des propositions qu'il allait présenter, comme de son cru, au commandant du camp.

. . . .

« Une riche idée que vous avez eue là, mon lieutenant! s'écria un petit sergent sec et brun, qui, aussitôt après le départ du Boche, s'était hâté d'allumer une cigarette de contrebande.

— Vous avez plutôt l'air de la blâmer, mon idée, Maillard? Si elle pouvait se réaliser, tout le monde aurait à s'en féliciter.

— C'est justement pour cela, les Boches en profiteront! Je n'ai pas la taille des grenadiers du premier Empire, bien que j'en descende, mais j'ai la mentalité des grognards de Raffet, s'esclaffant sous la pluie qui tombe en hallebarde et clamant : « Ce que les Autrichiens vont être trempés! » J'aime mieux barboter... pour que les Prussiens barbotent... »

XV

Bartay, enfin libre, s'était mis à la recherche de Jacques Miéry sans pouvoir le découvrir.

Il était à peine 8 heures du matin.

La pluie avait cessé : quelques rayons blafards perçaient les nuages.

Pierre croisa plusieurs hommes qui transportaient des planches droites et des morceaux de bois formant de coûrts triangles aigus. Ils se dirigeaient tous vers la dernière baraque de l'alignement.

« Que déménagez-vous là? demanda-t-il à un sous-officier du génie qui accompagnait les soldats.

— Nous allons installer des bancs dans la chapelle.

— Dans la chapelle? Mais, jusqu'ici, nous avons eu le plein air pour chapelle et le ciel pour toiture!

— La saison des messes en plein air est un peu avancée. Après la tempête de cette nuit et les nuages qui se poursuivent encore là-haut, ce serait trop risquer de dresser l'autel dehors; nos sous-officiers et soldats prêtres ont obtenu du commandant l'autorisation de convertir en chapelle la demi-baraque située à l'extrémité de notre rangée, et qui était restée vide. Plusieurs messes y ont déjà été célébrées ce matin. Les assistants étaient debout. Deux grand'-messes y seront chantées, il faut installer des sièges de fortune. Le vent souffle du bon côté. On nous a engagés à en chercher partout où nous en trouverions; nous avons puisé dans des réserves de bois, des baraques ont prêté leurs bancs.

— A quelles heures les grand'messes?

— La première va commencer et sera suivie de deux messes basses; la seconde, à 10 heures exactement.

« En raison du mauvais temps, l'office des protestants aura lieu à 11 heures, quand nous aurons enlevé notre autel. Vous voilà renseigné, je me sauve; mes hommes sont loin et le temps presse. »

Pierre était resté à la même place, réfléchissant.

Jusqu'ici il avait assisté à la messe chaque dimanche, et deux fois s'était approché des sacrements.

Les dix prêtres soldats prisonniers avaient refusé de quitter Friedrichsfeld et d'être internés avec les officiers, suivant l'offre qui leur avait été faite.

Bartay n'en connaissait intimement aucun. Pas un seul n'appartenait à son régiment, et leurs baraques étaient loin de la sienne. Ses confessions avaient été rapides, vu le peu de temps dont le confesseur et le pénitent pouvaient disposer, et l'incommodité ou, plus encore, le manque de local approprié.

Si courts qu'eussent été ses entretiens avec l'abbé Octave de Courtray, Pierre avait senti vibrer cette âme apostolique et vaillante, qui maintenait tous les courages par une simple parole. Les soldats, suivant l'énergique expression de l'un d'eux, avaient surnommé le jeune prêtre « notre boussole ».

Le sergent allait retourner vers sa baraque, lorsqu'il aperçut de loin un groupe nombreux de prisonniers qui avançait dans sa direction.

Une douzaine d'entre eux traînaient ou poussaient un petit chariot sur lequel se trouvait placé un objet de forme rectangulaire recouvert d'un large morceau d'étoffe vert foncé.

Il venait justement de reconnaître, dans le soldat qui se trouvait être le premier à tirer le brancard de gauche, l'abbé de Courtray.

Pierre attendit et salua le prêtre au passage.

« Voulez-vous me céder votre place, monsieur l'abbé?

— Non pas, sergent! Les lévites portaient l'arche! Je les imite en traînant votre harmonium. »

Bartay marqua le pas auprès de l'ecclésiastique.

Les Boches les plus rapprochés se renfrognèrent, mais sans toutefois s'opposer à ce qu'une nouvelle « tête de Français » se joignît au cortège.

« Quelques-uns d'entre nous, les moins dépourvus, se sont cotisés pour louer un harmonium à Wesel, expliqua le prêtre. Il est nécessaire de soutenir notre chorale; puis nous étudierons d'autres chants qui ne sont pas aussi connus de tous.

— Vous n'avez pas éprouvé trop de difficultés à obtenir cette autorisation?

— Non... L' « autorité » s'est même chargée de la négociation. Comme bien vous pensez, elle n'a point songé à nous offrir la permission d'aller en ville !

— Et vous allez inaugurer votre harmonium à la première grand'messe?

« Voulez-vous me céder votre place? »

— Nous n'avons pas pu l'avoir assez tôt. Ce sera pour la messe de 10 heures. M. l'abbé Michel la célèbre. M. l'abbé Pérot dirige les chants.

— Et vous, monsieur l'abbé?

— Moi, je suis chargé d'adresser quelques paroles à nos fidèles.

— Je ne vous demande pas quel sujet vous avez choisi?

— Façon peu détournée de m'interroger! dit en riant l'abbé de Courtray. Eh bien, j'ai préparé une courte allocution sur ces deux points : dans l'épreuve, le cœur doit se fortifier contre sa propre sensibilité, et l'âme doit se surélever au delà de son niveau habituel. Rien de plus simple, de plus actuel et de plus indiqué.

— Et rien ne sera exprimé avec plus d'éloquence.

— Oh! quant à cela, sergent, n'en parlons pas! On doit moins se soucier de la reliure d'un livre que de l'esprit qui a inspiré ce livre. Je ne suis pas orateur, et je ne demande qu'à ramener les hommes à Dieu, *plus* près encore ceux qui ne sont pas loin, et *très* près ceux qui sont loin.

— D'autres oreilles que les nôtres vous écouteront.

— Nul doute. Et parmi ceux qui nous ont en consigne, les surveillants vont être triés! Nulle parole n'échappera à leur connaissance du français, acquise peut-être autant à nos dépens qu'aux dépens de leur loyauté. Mais soyez certain que les *herren professoren* ne retrouveront pas le *surhomme* de leur Nietzsche dans l'homme *surélevé* que je tâcherai de dépeindre en quelques mots très brefs. Au revoir!

— Je serai exact.

— Je crains et j'espère à la fois que notre « église » ne soit trop petite, la pluie recommence à tomber.

— On serrera les rangs. »

Une idée qui venait de germer dans l'esprit de Bartay pendant qu'il causait avec le jeune prêtre s'affermissait maintenant qu'il était seul et que rien ne l'en distrayait.

Entraîner Jacques Miéry à l'office de 10 heures, lui faire entendre la parole évangélique...

Il savait maintenant la cause de gêne qui existait parfois entre eux ; la question religieuse était évidemment « la barricade ».

A présent, il se demandait s'il n'y avait pas manifesté un pacifisme outrancier, et s'il n'avait pas sacrifié l'intérêt supérieur d'un camarade, dont les circonstances avaient fait un ami, à son désir d'éviter toute discussion.

N'était-il pas assez calme, assez maître de lui, pour être à même d'exposer des idées contraires à celles de son interlocuteur sans rompre en visière?

A défaut d'une science théologique approfondie, ne possédait-il pas une instruction solide, complétée par l'entourage même dans lequel il avait vécu?

Jusqu'ici le moral de Miéry s'était soutenu ; il avait sur Pierre l'avantage de posséder un fonds de gaieté qui lui laissait percevoir le côté humoristique des ennuis de la captivité, mais c'était là une base fragile qui pouvait laisser crouler l'édifice de la force de réaction sous le premier choc.

L'occasion était précieuse. Miéry (Pierre en était convaincu) ne mettait jamais les pieds à l'église ; le prêtre-soldat lui imposerait peut-être davantage

dans l'ambiance de cette cérémonie si émouvante, sous un costume ecclésiastique, revêtu de sa dignité religieuse, que sous sa pauvre capote de prisonnier.

L'entretien, dans une rencontre préparée, sous les apparences des allées et
venues du camp, serait difficile à orienter vers le point où Bartay voulait
amener son nouvel ami, dont, en réalité, il connaissait mal les antécédents.

Très vif, Jacques pourrait taxer la conversation, ainsi amenée, de guet-
apens.

Était-il vraiment hostile?

Mieux valait le conduire par un chemin découvert, le prendre de front, et
le laisser ensuite à ses impressions.

C'était la seule manière de mesurer la profondeur de cet éloignement.

Il fallait le joindre au plus tôt, exciter son intérêt et sa curiosité.

XVI

Lorsque le sergent revint à sa baraque, il trouva des hommes absorbés par l'astiquage de leurs lamentables effets.

Une seule pompe par demi-baraque et quelques pains de savon, parcimonieusement coupés en très petits morceaux qui glissaient entre les mains, manifestaient la conception d'hygiène et de propreté de la grande Allemagne !

La *kultur* semblait prendre à tâche de provoquer le dégoût et le mépris des nations ennemies.

Mais le soldat français est éminemment débrouillard. Territoriaux et réservistes étaient à la hauteur de l'active, et avec un peu d'aide mutuelle on arrivait, suivant l'expression d'un brave petit ouvrier de Montrouge, porte-drapeau dans un patronage, à faire sentir que « c'était tout de même dimanche à ces barbares qui voulaient faire du bon Dieu leur paratonnerre ».

Par des merveilles d'industrie, les chemises étaient nettes.

« Ne dirait-on pas qu'on se fait blanchir chez les alliés d'outre-Manche ! » déclarait un élégant sportsman, faisant tête à la mauvaise fortune qui mettait tant d'imprévu dans son existence.

En vain Bartay cherchait Jacques Miéry.

« Avez-vous perdu quelque chose, sergent ? demanda le jeune homme, tout en égalisant ses cheveux, grâce à un ingénieux petit peigne qu'il avait fabriqué avec des éclats de bois, et l'aide d'un poilu plus inventif encore que lui.

— Je ne cherche pas « quelque chose », je cherche « quelqu'un », le caporal Miéry.

— Le caporal? Tiens! c'est vrai, où est-il donc? dit un réserviste.

— On ne l'a pas vu depuis la corvée de café.

— Ça, c'est vrai. Je suis parti avec lui, à seule fin même qu'il m'a parlé de mon pays où il a été se balader autrefois.

— Il n'est pas revenu avec vous?

— Ah! vraiment non, sergent. Les autres s'en allaient par deux, nous faisions la paire, et, au retour, j'étais unique dans le rang.

— Il n'est pourtant pas resté à regarder bouillir les marmites?

— Bien sûr, pour ce qu'il y aurait vu! De l'eau, de la choucroute courant après une poignée de fèves éparpillées autour d'un tronçon de betterave et de grains d'orge sentant le vieux sac. Et puis les petits carrés noirs des kubs, les fameux kubs dont ces maudits Boches... — Eh bien, quoi! Inutile de me faire des signes; je ne parle pas trop haut et ils sont loin!... Tant pis, je continue. — marquaient nos routes avec leurs sales affiches.

— Et plus sales encore leurs produits! C'est à croire qu'ils veulent nous empoisonner. On se tient l'estomac avec ses dix doigts quand on a avalé ça.

— Ce n'est pas exagéré. Dans la baraque où les Anglais sont casés avec les Marocains et les Sénégalais, j'ai vu, hier, deux majors qui emmenaient à l'infirmerie tout un lot de blancs et de noirs, et je vous assure que si les uns trouvaient que c'était « un long chemin pour aller jusqu'à Tipperary », les autres ne dansaient pas la bamboula! »

Pierre n'entendait plus les propos suscités par son enquête, et il la continuait plus loin.

Malgré le peu d'apparence que Jacques fût resté dans les cuisines, une indication pouvait être recueillie là, et le sergent ne devait rien négliger.

Il se présenta inopinément à une fenêtre, et fit sursauter un des cuisiniers, fort occupé à préparer la boisson de la journée avec le marc de café du matin.

« Vous avez vu le caporal Miéry?

— Je ne me rappelle point, sergent; mais je n'ai pas distribué la roupie de singe à tout le monde. Demandez à Michaud. »

Michaud, un territorial grisonnant, que sa profession de boucher avait désigné pour le poste qu'il occupait (ô dérision!), s'approchait tenant du bout des doigts un morceau de chair de bœuf.

Une moue rétrécissait le bas de son large visage.

« Voyez un peu ce qu'ils appellent de la « viande »! La viande une fois par semaine. Et ce kilo-là pour tant d'hommes!

— Le sergent ne s'en fait pas pour cela, mon vieux ! Il te demande si tu as vu le caporal Miéry quand tu as rempli les quarts ce matin ?

— Oui, sûr, et même très sûr. »

Les lèvres, à présent, s'infléchissaient avec cette expression qui signifie que l'on en sait plus long qu'on n'en veut dire.

« Il n'est pas rentré avec les autres à la baraque ?

— Quelque histoire !

— Expliquez-vous, Michaud.

— Eh bien, sergent, voilà : il a avalé son quart tout d'un trait, parce qu'un Boche, vous savez, ce vilain type d'Hansfeld, fonçait sur lui...

— Après ?

— Après, après, sergent ; c'est vous qui retardez en m'interrompant. Le feldwebel lui a dit quelque chose en allemand, l'a pris par le bras comme s'il voulait le lui démolir, et l'a emmené. Je me suis penché pour voir, et j'ai aperçu, à l'angle de la baraque, trois têtes de gardiens. Et puis tout le monde a fait un à droite, et je n'en ai pas su plus long. »

Un frisson secoua les épaules de Bartay.

Hansfeld !

Il avait passé l'éponge trop vite, songea Pierre.

Comment éclaircir la situation ? Le récit de Michaud le troublait de plus en plus.

Les cuisiniers avaient repris leurs occupations.

Bartay s'éloigna à petits pas. Ses réflexions se dégageaient à présent avec plus de netteté. Miéry était aux mains des Boches, non plus prisonnier de guerre, mais accusé, donc coupable ! Aux privations de la captivité, aux duretés systématiques, un châtiment allait se joindre.

Et pourquoi ? Le feldwebel, pour une raison qui échappait au Français, s'était soudain calmé devant la contradiction de ses deux camarades. Il n'avait pu retenir l'absurde et ridicule accusation de voie de fait contre un supérieur.

Le mieux n'était-il pas d'en référer à l'adjudant, chef de baraque, seule autorité française responsable en face du commandant du camp ?

Lui serait autorisé à fournir des explications, et peut-être les deux sous-officiers allemands qui s'étaient prononcés contre Hansfeld soutiendraient-ils la défense de Miéry par haine de leur camarade.

Au moment où Bartay allait retourner sur ses pas, il vit déboucher Hansfeld lui-même.

Il venait sans doute de goinfrer avec abondance et de se gorger de bière.

Il semblait d'humeur folâtre ; sa face de barbare s'illuminait du sourire, et quel sourire !

La brute se montrait avenante, et un peu plus aurait manifesté l'obséquiosité de sa race lorsqu'il s'agit d'obtenir par la ruse ce qu'elle ne peut enlever par la force.

« Ah ! vous voilà, herr Peter Bartay ! Venez ici avec moi faire une promenade. Jamais avec Anglais ou Russes ; mais Français, amis. »

Le sergent eut la soudaine inspiration de prendre la position réglementaire, les talons joints, les doigts au long du corps, se soustrayant ainsi à l'odieuse familiarité avec laquelle ce semi-bourreau allait certainement glisser son bras sous le sien.

« Venez, venez donc. Il pleut encore, pourtant le ciel s'éclaircit. Quelque chose à vous montrer par là. »

Les talons du sous-officier se disjoignirent, les mains demeurèrent dans la position ; il marcha à côté d'Hansfeld qui discourait dans les deux langues, et parfois s'interrompait pour expliquer.

« Profitez de votre séjour parmi nous pour mieux apprendre l'allemand ; vous sera très utile, je vous enseignerai volontiers. »

Pierre avançait en silence ; son cœur battait à se rompre.

Qu'allait-il voir ? Qu'allait-il apprendre ?

XVII

Le feldwebel avait emmené Bartay jusqu'à l'extrémité du camp.

Un rassemblement considérable était massé dans un angle.

Les artilleurs, immobiles sur la plate-forme, occupaient leur poste de combat, ou, en termes plus exacts, de massacreurs d'hommes sans défense, si ceux-ci s'avisaient de protester contre l'injustice.

Il y avait là des prisonniers en grand nombre. Autour d'eux, des factionnaires formaient un cercle.

« Place! » cria brutalement Hansfeld, repoussant avec la même violence ses propres soldats et les captifs.

Sa haute taille et sa corpulence masquaient à la vue de Pierre le centre du cercle. Et comme ils avançaient lentement, Bartay pouvait étudier les physionomies.

Sur celles des Allemands, une satisfaction sauvage ou une indifférence totale; sur les visages français, une expression de colère contenue qui se reflétait, moins indignée et plus pitoyable sur ceux des Russes et des Belges. Quelques Anglais, flegmatiques comme toujours, semblaient figés dans une attitude de désapprobation passive.

Pourquoi l'autorité allemande avait-elle rassemblé des délégations des peuples alliés?

Que se passait-il au milieu d'eux? Soudain Hansfeld s'écarta et, saisissant Pierre à bras le corps, le porta pour ainsi dire devant lui et le cala tout droit entre ses mains.

. . . .

Dans l'espace libre, gardé par des factionnaires, un homme, le torse dépouillé de son uniforme, les bras à demi nus, tordus autour d'un poteau qui semblait former avec son corps une masse unique, redressait son visage contracté, affreusement pâle; le regard étincelait dans des yeux de fièvre. La pluie avait détrempé ses cheveux aplatis sur le front et les tempes, abattu les moustaches, collé sur la chair la mince chemise de flanelle et le pantalon rouge.

Relâchant son étreinte, appliquant une tape odieusement amicale sur l'épaule, Hansfeld, avec son abominable accent, cria d'une voix joyeuse :

« Eh bien! que dites-vous de notre discipline? Elle est *réprimante* pour les manquements envers les gradés français. Le caporal insulte votre galon. Il expie. Il expie bien, sergent Bartay.! »

Frissonnant, dans une vision de délire, Pierre avait reconnu Jacques Miéry.

Jamais encore son cœur n'avait battu avec des mouvements aussi désordonnés. Il vivait l'heure la plus poignante de son existence.

Cette atmosphère de brume, cette pluie fine, pénétrante, déjà glaciale, ces soldats sans armes au milieu de ces brutes aux fusils menaçants, cette condamnation de plus de trois cents hommes à assister au supplice d'un des leurs, et le supplicié, son camarade, son ami, tordu, lié à cette pièce de bois, et lui-même représenté comme ayant requis la peine infamante! Quel raffinement de cruauté! quel dilettantisme de sauvagerie!

La kultur allemande! Elle dépassait en barbarie les procédés des peuplades les plus rebelles de la civilisation!

La fureur de son impuissance à réparer le mal causé en son nom, l'accroissement d'un poids douloureux sur les épaules de tous ces éprouvés, arracha à Pierre un cri si véhément de protestation qu'une stupeur régna sur toute cette foule. N'était-ce pas une seconde torture qui se préparait? ou, pis encore, le peloton d'exécution?

« Jacques, tu n'as pas douté de moi? » cria Bartay.

Pour la première fois, ce tutoiement fraternel passait sur les lèvres du sergent; il accentuait la force de la protestation.

La réponse vibra hors de la bouche tordue, comme un défi aux persécuteurs.

« Pas un instant! »

Tous avaient entendu le colloque si tragiquement simple.

« Maintenant, herr feldwebel, vous pouvez me lier à sa place! déclara Pierre, tendant le bras vers le poteau.

— Tout cela, vos remerciements? Discipline française relâchée. Mauvais, très mauvais! Fait les armées vaincues... et les prisonniers malheureux! Nous traitons bien, nous châtions bien. Prenez garde à vous!

— Je ne redoute pas de subir ce que mon ami a subi.

— Vous subirez davantage, sergent Bartay! Davantage! »

La haine gonflait les traits d'Hansfeld. Chacun attendait avec angoisse ce qui allait suivre.

Une voix claqua en dehors du cercle, très haute, très sèche.

Le ton rendait presque incompréhensibles à tous les mots allemands.

Un capitaine, grand, maigre, assez âgé, au geste concis et significatif, avait fendu les rangs.

« Combien d'heures? demanda-t-il en montrant le poteau.

— Trois heures.

— Assez. Quelques morts sont survenues dans plusieurs camps,... fâcheux; un tirailleur noir frappé, tué. Pas de ces histoires! Déliez cet homme. »

Les soldats prussiens qui avaient fait office de bourreaux s'approchèrent du supplicié.

L'officier les avait suivis et appela Hansfeld.

« Les cordes sont trop serrées! Aviez-vous donné ordre de tirer plus fort que de coutume? Y a-t-il eu résistance? »

Jacques allait répondre lui-même :

« Sachant la résistance inutile, j'ai mis ma fierté à me laisser faire. »

Il resta muet, ne voulant pas révéler en ce moment au capitaine qu'il savait assez d'allemand pour qu'aucune réflexion ne lui échappât.

Hansfeld repartit :

« Avec ces diables de Français, il est toujours prudent de se mettre deux contre un, même quand ils n'ont pas d'armes! »

Cette réflexion déplut à l'officier, un gentilhomme saxon qui appartenait à l'armée active, et qui avait été nommé adjoint au commandant du camp en raison de sa faible santé.

Il toisa le feldwebel et questionna, incisif :

« Dans le civil, qu'étiez-vous? usurier? brasseur d'affaires? ou geôlier dans quelque prison? »

Hansfeld se borna à répondre :

« Parfaitement, monsieur le capitaine, je suis à vos ordres. »

Il feignait de ne pas considérer comme une interrogation l'apostrophe de son supérieur.

Les deux soldats déliaient maladroitement les cordes qui enserraient les membres du prisonnier. A un moment, ils les firent entrer dans les chairs.

Jacques retint un cri de douleur. Le tressaillement de tout son corps accusa la souffrance.

« Pas tant de brutalité ! » commanda l'officier.

Et, se baissant :

« Vous voyez que vous avez fait un nœud inextricable ; coupez la corde. ».

Il se redressa et jeta l'ordre :

« Chacun à ses baraques. »

Les gardiens se hâtaient de former les rangs et bousculèrent plusieurs hommes qui, tassés les uns contre les autres, ne pouvaient manœuvrer assez vite.

Le capitaine reprit, en colère :

« Ai-je affaire à des soldats ou à des brutes? »

Puis, revenant au poteau, il arracha de la main d'un des factionnaires la baïonnette avec laquelle celui-ci se préparait à trancher le nœud.

« Prenez un couteau, vous allez transpercer la peau. »

Alors il regarda Miéry.

Blême, le visage tiré, celui-ci forçait un sourire de dédain à disjoindre ses lèvres comprimées.

Un double sentiment passait dans les yeux de l'officier ; il admirait ce courage et il s'en irritait comme d'une supériorité de la race ennemie, même vaincue.

Bientôt une troisième impression absorba les deux autres : la honte.

Oui, la honte de cette barbarie inutile, de ce retour aux époques de sauvagerie et d'ignorance, qui faisait descendre l'armée allemande au-dessous des armées des autres nations.

Le beau rôle, il était obligé d'en convenir, était resté au Français ; des centaines d'adversaires de « l'Allemagne au-dessus de tout » en remportaient le témoignage dans leurs lamentables abris et l'apprendraient à des milliers de camarades pour le répandre plus tard dans l'Europe civilisée.

On avait voulu mater, épouvanter les prisonniers. On n'avait obtenu d'autre résultat que de mettre la « kultur allemande » en infériorité.

Pendant ce temps, Bartay songeait : « Comme Miéry est près de la religion, alors que, sans doute, il s'en croit loin ; de la religion qui enseigne à souffrir et à s'élever dans l'épreuve ! »

Le nom de l'abbé de Courtray n'était-il pas, en quelque sorte, la signature de ses réflexions ?

Après avoir obéi au commandement, et s'être éloigné d'abord avec la foule des prisonniers, Pierre avait profité de l'inattention des plus proches gardiens pour s'arrêter et attendre Miéry.

Celui-ci, pendant que s'achevait sa délivrance, cherchait à scruter la physionomie du capitaine et à surprendre quelque parole qui lui donnât la clé de son intervention.

Tourné vers le feldwebel, modérant sa voix presque jusqu'au murmure, l'officier prononça, sévère :

« Vous ferez arracher ce poteau... C'est l'ordre.

— Arracher le poteau ! »

Hansfeld répétait ces mots avec stupéfaction, puis il poussa un soupir aussi profond que si on lui avait ordonné de procéder à l'amputation d'un de ses propres membres.

« Il complétait si bien l'organisation du camp ! » prononça-t-il.

Puis, logique, il articula :

« Pourquoi l'avoir placé là si on devait l'ôter ? »

L'officier considéra le feldwebel avec hauteur, se demandant si, à lui répondre, il n'allait pas compromettre sa dignité ; enfin, ayant jugé que la prudence exigeait qu'il éclairât son subordonné afin d'éviter le retour d'un fait dont les conséquences se révéleraient aux autorités supérieures, il prononça :

« Beaucoup des nôtres sont tombés aux mains des Français ; craignons les représailles ! »

Il ne vit pas l'éclair de joie qui, plus que la chute du dernier lien, illuminait le visage du prisonnier.

« Nous ne sommes pas encore vaincus ! » murmura Jacques entre ses dents.

XVIII

Appuyé au bras de Pierre, Miéry avait regagné la baraque.

A peine y étaient-ils entrés, qu'un médecin-major les rejoignit.

Il parlait couramment le français et ne songea pas à s'enquérir si celui vers qui on l'envoyait savait l'allemand.

« Je viens vous ausculter, dit-il. Le capitaine von Weister craint que vous n'ayez des contusions internes.

— Merci, monsieur le major, répondit froidement Jacques. Je n'ai besoin de rien.

— Je *dois* vous ausculter ! D'ailleurs vous avez reçu la pluie durant trois heures, alors que la circulation du sang était gênée par les cordes, la poitrine est peut-être attaquée !

— Le poteau est donc un instrument de mort ? »

La voix de Miéry scandait les mots comme en un réquisitoire.

Le médecin se troubla un peu.

« Ce n'est pas là ce que j'ai voulu dire ; mais comme on n'en veut nullement à la vie des prisonniers, il est bon de prendre des précautions. Je vais vous emmener à l'infirmerie.

— Non, monsieur le major. Je veux rester avec des Français, au milieu de mes camarades ; rien autre ne peut mieux me soulager.

— Je regrette. J'aurais voulu faire quelque chose pour vous.

— Il a une pensée de derrière la tête, » songea Miéry.

Et à brûle-pourpoint il jeta ces mots :

« Vous n'avez aucune raison de faire quelque chose pour moi. »

Les muscles du visage du docteur se contractèrent légèrement; il prononça :

« Mes deux fils se battent en France, et, malgré les succès de nos armées, ils peuvent être faits prisonniers... Je suis sans nouvelles d'eux depuis longtemps.

— Vous pouvez vous tranquilliser, ils seront mieux traités que nous!... Pour les Français, un prisonnier cesse d'être un ennemi. »

Une rougeur accusa le coup droit.

« Je me retire sans insister; si vous éprouvez quelque suite fâcheuse de... de... l'*incident*, vous me ferez prévenir. »

Pierre était allé dans la chambre des sous-officiers et avait rapporté un supplément de maigres couvertures.

« Roule-toi là dedans pour te réchauffer, dit-il.

— Non, une friction suffira. Je ne veux pas me coucher; il me semble que si le sommeil venait, il ramènerait ces dernières heures dans quelque atroce cauchemar. »

La réaction commençait, les nerfs crispés se détendaient, et la faiblesse humaine, à présent que les bourreaux n'étaient plus là, reprenait ses droits. Méry continua :

« Les misérables! Ils m'ont traîné et ficelé comme une bête menée à l'abattoir, sans que je fusse interrogé même. Ma capote a été enlevée comme une peau que l'on retourne, avec des plaisanteries grossières qui m'ont fait déplorer de savoir l'allemand!

« Et tous ces malheureux à peine vêtus, sortis de leurs abris pour recevoir la pluie et voir cela! Ah! il avait bien choisi son temps, le monstre, ce hideux Hansfeld! Oui, il est hideux, et c'est ce qu'il ne nous pardonne pas.

« Il nous guettait, alors que ce groupe de jeunes filles cherchait à se faire remarquer par nous, à entrer en coquetterie avec des Français, dont toutes ces Gretchen rêvent toujours un peu entre Hans et Hermann! Il a vu le manège, sa jalousie s'est enflammée et a attisé le feu de sa haine teutonne, exaspéré la vilenie de ses sentiments de bas ennemi. Et toi, sergent, tu es parti, et bien parti au moment psychologique. Vrai, quand il t'a poussé en face de moi, en beuglant son abominable insinuation devant tous ces pauvres gens qui croyaient à la camaraderie française, j'ai préféré mon infâme poteau à la liberté de tes membres!

— Jacques, je n'ai jamais tant souffert de ma vie que pendant cette minute atroce.

— Je m'en doute! Cela se voyait assez! »

Miéry s'était affaissé sur un des bancs placés au long des tables.

Les deux hommes étaient seuls.

Le soleil brillait à présent, les prisonniers étaient allés à la messe ou faire le tour du camp.

Pierre venait de regarder sa montre : 9 heures 35.

La chapelle se trouvait à l'extrémité opposée.

Pouvait-il laisser Jacques seul après les abominables moments qu'il venait de vivre, alors, surtout, que c'était son nom qui avait été mis en avant pour servir de prétexte au supplice?

Mais alors il manquerait la messe. Oh! s'il avait assisté à l'office le plus matinal! Pourquoi n'avait-ce pas été la première action de sa journée?

Un claquement nerveux faisait résonner les mâchoires de Miéry.

« La fièvre le prend, pensa le sous-officier. Il a eu tort de ne pas se laisser emmener à l'infirmerie. Il avait mis dans son refus toute l'énergie de sa fierté, mais les conséquences de l'acte brutal peuvent être graves. L'autorité allemande le soupçonne, puisqu'elle a envoyé le docteur, car il était venu par ordre. »

Au comble des perplexités du sergent, la situation se dénoua tout à coup de façon imprévue.

Par un effort violent Jacques s'était redressé :

« Je vais sortir... Je me réchaufferai au soleil. Je sens qu'une étrange folie gagne mon cerveau; oui, une folie! On affirme que les fous ne la sentent pas venir, tant mieux pour eux... Je veux connaître l'impression que ma vue causera sur ceux qui savent maintenant que j'ai été mis au pilori. C'est la folie de la honte qui me prend, qui m'étreint, qui m'étouffe! Puisque le ciel s'est découvert, c'est en pleine lumière que je guetterai les regards qui croiseront le mien. »

Ce que Bartay n'osait suggérer à son ami alors que celui-ci se trouvait dans un tel état d'endolorissement, c'était lui-même qui le proposait, qui l'exigeait, car le ton était volontaire, comminatoire.

Pierre aidait Miéry à nettoyer son uniforme, à redresser ses cheveux, à rafraîchir ses joues, mais les doigts qui touchaient les siens, à chaque service reçu, le brûlaient.

« Je voudrais que Hansfeld nous vît! s'écria Jacques, le sergent brosseur du caporal. Il hurlerait!

— Et son infirmier, si le caporal réclame ses soins. Prends mon bras. »

Ils sortirent de la baraque.

Une violente courbature torturait le corps de Miéry.

Néanmoins Pierre observait, non sans inquiétude, que les regards de son camarade avaient une expression de trouble qu'il ne leur avait pas encore vue.

Jacques se laissait conduire, pesant de plus en plus lourdement sur le bras qui le soutenait.

Bien entendu, Pierre avait pris la direction de la chapelle.

A mesure qu'ils s'approchaient, son anxiété croissait.

Comment allait-il expliquer dans quel but il avait orienté leur marche de ce côté? Si Jacques allait refuser d'entrer?

A présent la minute décisive était arrivée. Des soldats français et quelques Belges, récemment mêlés à eux, les dépassaient : ils venaient de la partie opposée du camp et leur étaient inconnus.

Il ne pouvait plus retarder l'explication.

« Entrons tout de suite dans cette baraque, dit Bartay, je trouverai moyen de te faire asseoir.

— Entrer ici? oui, je suis las..., mais pourquoi? Qu'avons-nous à y faire?

— Assister à la messe, comme tous les dimanches depuis qu'on célèbre... »

Le bras qui s'appuyait si fort sur celui de Pierre glissa soudain; Bartay le retint, feignant de ne pas comprendre :

« Tu sais que je ne vais pas à la messe!

— Tu ne me l'as jamais dit.

— Me l'as-tu demandé?

— M'as-tu questionné?

— Non; mais je savais que tu y allais, et tu *savais* que je *n'y allais pas*... »

Bartay était devenu pourpre; il ne voulut engager aucune discussion ni laisser paraître la vivacité de sa peine.

Une inspiration lui vint tout à coup :

« Tu m'as parlé de honte. Tu voulais connaître l'impression causée par ton supplice. Eh bien! entre ici, tu verras un condamné plus douloureux, plus insulté, un non-coupable livré aux bourreaux! Tu entendras exalter son crucifiement, comparer nos épreuves involontaires à ses épreuves volontaires. C'est ta glorification qui sera célébrée avec celle du Christ : la messe est la grande fête des persécutés. »

Sans plus attendre, il dégagea son bras de celui de Jacques qui chancela à demi, l'encercla au-dessous des épaules, et, ne trouvant plus de résistance, l'entraîna dans la chapelle.

« Tu abuses de ta force, murmura Miéry, et aussi de ma faiblesse...

— Tu me remercieras demain. »

. . . .

L'office n'était pas commencé, déjà tous les bancs étaient occupés.

Le regard de Pierre fouillait les coins ; enfin il découvrit, sur le côté droit, l'adjudant Poncelet, et, doucement, se fraya un passage jusqu'à lui, tandis que Jacques, après avoir résisté à une tentative d'entraînement en avant, demeurait appuyé aux planches de la baraque. Son attitude protestait : Je n'irai pas plus loin.

Le sens des convenances et de la discipline l'empêchait-il seul de se retirer? Ou, à présent qu'il s'était ressaisi, la première surprise passée, voulait-il réaliser une impression personnelle? Les paroles de Pierre avaient-elles vraiment porté?

« Mon lieutenant, dit Bartay à voix basse, savez-vous ce qui s'est passé ce matin ?

— Le bruit court qu'un prisonnier a été attaché au poteau ; je n'ai pu vérifier le fait. Aussitôt après la messe je m'informerai.

— Inutile, c'est la vérité absolue, et l'homme supplicié, c'est le caporal Miéry. »

Poncelet sursauta :

« Oh ! »

Puis, soudain, il se rappela que la pauvre construction était en cet instant un lieu saint ; il réprima la suite de son exclamation.

« Miéry est là, continua Pierre, la voix réduite à un souffle. Il est endolori, exténué ; il faut le faire asseoir. »

L'adjudant était déjà debout.

« Ma place ! dit-il. Amenez-le ici. »

Les chuchotements avaient été entendus par les soldats les plus rapprochés ; ils avaient ouï parler de l'exécution du matin, sans savoir lequel d'entre les prisonniers en avait été la victime.

Tous se levèrent.

« Non, maintint Poncelet, la mienne ! »

Avec précaution, pour ne pas troubler l'ordre, il se glissa jusqu'au fond de la chapelle et prit la main de Jacques. Dans son contact journalier avec toutes les classes, ce simple patron ouvrier avait acquis le sentiment de la mesure, réglée par son cœur de soldat.

« Venez vous asseoir, dit-il. Je ne savais rien de ce qui s'était passé. Bartay vient de me l'apprendre. Je ne vous dirai pas : je vous plains, mais : je vous estime encore davantage ! »

La main qu'il tenait répondit à la pression de la sienne.

Un chœur éclata soudain, religieux et martial, parfois recueilli, parfois emporté dans un grand souffle de patriotisme. Toutes ces énergies condamnées à l'inaction, toutes ces vaillances refoulées, se faisaient jour au dehors, ressuscitant, sortant des limbes en notes triomphales.

Jacques, qui, sans s'être agenouillé, s'était assis et presque aussitôt affaissé, redressa soudain la tête.

Il était pris par toutes les fibres de son être, remué, ému, le trouble de tout à l'heure se dissipait.

De l'office lui-même il ne comprenait rien. On l'avait tenu à l'écart de l'église « pour simplifier l'existence », disait sa mère, « pour ne pas compliquer ses études, » déclarait son père.

Il avait été baptisé uniquement pour complaire aux ascendants des deux familles. L'arrivisme paternel avait fait le reste.

Jacques entrait à l'église pour assister à des mariages et à des enterrements, encore n'arrivait-il qu'à l'heure du défilé à la sacristie ou du salut à la famille. De l'essence même du culte, de son but comme de ses causes, de ses symboles, il ignorait tout.

Une pensée le dominait en ce moment :

Ainsi la religion peut se passer d'ors et de lumière? s'abstraire, en cas de nécessité, des temples monumentaux? Le prêtre peut conserver son caractère spécial sous l'uniforme du combattant, remplir son ministère et servir sa patrie?

Depuis le début de la guerre on avait dit maintes fois, autour de lui, que tout le clergé séculier de France et le clergé régulier banni avaient répondu à l'appel de la mobilisation. Il n'avait, lui, pris contact avec aucun prêtre. Les événements s'étaient précipités depuis la retraite de Charleroi. Il avait été mêlé aux prisonniers de Maubeuge, n'ayant de rapports intimes qu'avec Pierre ; il pressentait les idées religieuses de celui-ci, et s'ingéniait à ne jamais les lui laisser manifester au cours de leurs conversations, dans la crainte de découvrir, dans ce caractère qui lui semblait si droit et si sympathique, le côté étroit et mesquin qu'il attribuait à tous les catholiques.

L'abbé de Courtray, après l'évangile, s'était avancé et avait pris la parole.

Il avait tracé le portrait de l'Homme-Dieu, révélant à Jacques, tel saint Paul aux Athéniens, un Dieu inconnu, et, aussitôt après, suivant pas à pas le condamné du prétoire au Calvaire, il avait montré le chemin de croix du soldat, chemin de la souffrance à la gloire, du combat menant aux infinies miséricordes qui accueillent le guerrier vainqueur ou vaincu ; il avait décrit la souffrance quotidienne du captif, qui peut être le héros de l'endurance, de la force d'âme, et servir son pays en se montrant lui-même plus grand que l'adversité.

« Honneur à ceux d'entre vous qui, par les circonstances, la nature des choses, le fait de leur tempérament, sont les plus malheureux. C'est la douleur qui a fait les martyrs et pétri les saints. »

Les saints !

Jacques ne connaissait rien de leur histoire que des fragments travestis par des chansons populaires ou des jeux de mots ineptes.

Des saints ! des hommes auxquels on avait « acheté un titre à Rome » !

Et voici que cette religion qu'on lui avait présentée comme un mélange de pauvretés morales et de luxe matériel, truquée, alambiquée par l'ambition et la tyrannie des prêtres, se révélait à lui infiniment riche en morale, avec des conceptions plus hautes que celles de toutes les philosophies dont il avait alimenté son cerveau d'adolescent ; dénuée de toutes les apparences matérielles, il la voyait, grande, très grande, par l'essence même de ses conceptions !

Presque sans remuer la tête, il étudiait les physionomies de ceux qui l'entouraient. Comme ils se redressaient, ces fronts courbés à l'heure des plus lamentables corvées ; comme ces yeux s'illuminaient, qui avaient reflété si souvent les mornes et grises teintes du ciel d'exil !

Tous ces hommes, aux voix éclatantes, aux visages animés, lui apparaissaient transfigurés...

. . . .

En retournant vers les baraques, Pierre avait compris qu'il ne devait pas interroger son ami, et, tout en le soutenant fraternellement, il marchait silencieux, ne voulant pas prononcer un mot qui pût arracher Jacques à ses impressions.

Ce silence profond, recueilli, lui semblait de bon augure ; il indiquait que le besoin de penser dominait celui de discuter.

D'ailleurs, après les paroles que tous venaient d'entendre, que pouvait-il ajouter qui n'eût affaibli leur portée ?

8

Poncelet, lui aussi, avait observé le même mutisme; il se tenait de l'autre côté de Miéry, réglant son pas sur ce pas ralenti.

En entrant dans la baraque, les deux sous-officiers échangèrent un regard navré, tandis que Jacques s'étendait sur sa misérable paillasse.

Des mains amicales roulaient des couvertures pour en former un oreiller. On cherchait à le réchauffer.

De ses doigts énervés il repoussa la soupe qu'on lui présentait.

« C'est bien chaud, insistait l'un.

— Vous allez vous affaiblir tout à fait, caporal, ajoutait un autre, si vous ne prenez rien.

— Elle est presque bonne, aujourd'hui, » ajoutait un troisième en dissimulant une grimace.

Celui-là avait toujours été gâté par l'existence, mais luttait contre ses dégoûts pour encourager ses camarades.

« Le pain est meilleur. Allons, caporal, je vais vous couper une tranche mince. Aujourd'hui il y a de la viande. »

Miéry s'efforçait de vaincre l'affaiblissement causé par la courbature. Il s'exaspérait contre lui-même de ne plus « faire tête », suivant son expression.

Il aurait voulu se lever, prendre place sur la planche qui servait de banc, s'asseoir à la table commune, parler aussi haut, plus fort même que les autres; il en sentait l'impossibilité et, cependant, l'affaissement moral du matin se dissipait.

Le cauchemar du pilori s'était évanoui. Il songeait aux paroles de Pierre, à la simple et forte phrase de Poncelet et, surtout, à l'éloquente persuasion qui passait dans la voix du prêtre, faisant vibrer en lui un écho, muet jusqu'alors.

Il avait cru au stoïcisme, à l'humour qui se moque de la souffrance, à l'indifférence morbide à laquelle le captif peut en venir peu à peu; il n'avait pas pressenti, à ce point, la supériorité du prisonnier sur le geôlier, de la victime sur le bourreau.

Malgré sa répulsion, il accepta le « potage » et le consomma lentement; la fièvre, qui battait ses tempes, serrait aussi sa gorge.

A présent que son cerveau était en repos, qu'il se voyait honoré, aimé, entouré, une inexprimable torpeur le gagnait. Ses membres ressentaient un bien-être à être libres, ses épaules et son dos à ne plus être comprimés sur le dur poteau. Peu à peu, il s'endormit, et ce fut autour de lui un va-et-vient à pas feutrés pour ne pas troubler son sommeil.

Toute la journée Pierre veilla Jacques. Vers 4 heures, dans le demi-jour, il aperçut une forme qui se glissait près d'eux. C'était l'abbé de Courtray. Dans un angle, à voix basse ils causèrent. Puis, à son tour, Bartay sortit de la baraque, et, lorsque Miéry s'éveilla, il vit, penché vers le sien, le visage du prêtre, le premier qui avait fait retentir à son oreille la parole évangélique !...

Dans un angle, à voix basse ils causèrent.

« Rude matinée pour le caporal, bonne journée pour lui, dit Poncelet, que Pierre avait retrouvé au dehors, et peut-être que demain nous apportera à tous un adoucissement.

— Lequel? Il en est un que je souhaite par-dessus tous les autres.

— Avoir l'autorisation d'écrire?

— Oui ! ne plus subir l'abominable tyrannie qui nous sépare complètement des nôtres, qui les laisse dans l'angoisse. Torturer des femmes, c'est un raffinement de cruauté froide qui dénote la plate ignorance que ces gens-là ont des choses du cœur, dont ils ne connaissent que les sensibleries niaises.

— Eh bien, c'est fait. Trop tard pour qu'on en sache gré à ces hommes qui ne savent pas distinguer un captif d'un coupable.

« C'est le feldwebel Rantzau, l'ennemi personnel de Hansfeld, qui vient de me l'annoncer.

— Et que pense-t-il de l'ignominie de ce matin? »

Poncelet haussa légèrement les épaules.

« Il méprise cette brute; il a été plus heureux de l'intervention de l'autorité et du blâme infligé à son camarade pour avoir agi avec « maladresse » (et c'est là « tout »), qu'indigné du traitement si lâchement appliqué à un homme qui ne le méritait pas! »

.   .   .   .

« Enfin, demain, nous écrirons!

— Pour recommencer dans trente-cinq jours l'envoi d'une seconde pauvre lettre; ce délai, paraît-il, sera ensuite réduit à quinze jours. Mais prenez garde! écrivez gros, très lisiblement, ne parlez que de votre santé qui *doit être bonne*. »

L'esprit de Bartay s'emplissait déjà de la joie que causerait cette seule carte, des espérances de revoir qu'elle aviverait dans l'âme des chères femmes. En retour, quelques lignes lui parviendraient. Et ce serait le lien extérieur renoué pour donner la réalité du fait aux intimités du cœur à cœur lointain que ni la distance ni le temps ne pouvaient abolir.

Lorsque Poncelet et Bartay rentrèrent dans la baraque à demi pleine, ils virent les hommes groupés dans un angle, isolant ces deux prisonniers, le prêtre et le libre penseur, qui, peu d'heures auparavant, s'ignoraient et qui, maintenant, assis l'un près de l'autre, étudiaient le grand problème et parlaient de l'éternelle inconnue de la vie. Cet incroyant, devant lequel le voile avait été soulevé par le choc sanglant de la plus horrible guerre qui se fût déchaînée sur le monde, n'avait jamais entendu une parole plus en accord avec les pensées qui s'agitaient aujourd'hui dans le tréfonds de son âme.

XIX

« Paris.

« Mon frère, mon cher frère! Qu'est-ce donc que ces lignes écrites hier par notre mère et par moi auprès du flot de tendresses, des récits intimes que nous avions à te faire et que j'ai notés au fur et à mesure? Mais, aujourd'hui!...

« Quelle exclamation de bonheur intense en voyant ton écriture sur cette enveloppe toute froissée!

« Notre première exclamation fut la même :

« — Il est vivant! »

« Après ces deux longs mois d'angoisse, de doute interminable sur la reddition de Maubeuge, de guets incessants, d'alarme à chaque coup de sonnette, à la vue de chaque enveloppe, enfin la vie renaît!

« Peut-être a-t-il pu s'évader? Puis une terrible crainte nous prenait : qu'est-il advenu de lui s'il a été ressaisi?

« Vivant, mais prisonnier!

« Sans armes au milieu de nos ennemis, en butte à la brutalité confondue par ce peuple avec la discipline. Celle-ci est l'ordre, l'autre l'anarchie des passions féroces.

« Nous remercions Dieu, et nous le prions tant pour qu'il t'épargne et te laisse tout le beau courage qui, dans les revers, maintiendra haut le nom de Français.

« — Ah! si je pouvais en apprendre autant! » nous disait tout à l'heure une mère dont le fils se battait en Alsace, et qui, depuis dix-huit jours, est sans nouvelles.

« Toi tu préférerais la bataille à cette redoutable sécurité.

« Blaise est arrivé, comme chaque jour, en prononçant : « Eh bien ? »

« Nous n'avons pas secoué la tête comme de coutume ; ma mère lui a remis ta lettre.

« Il l'a lue en silence et l'a rendue en disant :

« — Pauvre grand ami ! Au moins, nous le reverrons ! »

« Dans « au moins », il y avait la pensée identique à la nôtre, à la tienne, que tu ne peux pas écrire, mais que tu nous exprimes dans ces mystérieux entretiens muets dont toute matière est abstraite et qui est familière à ceux qui s'aiment.

« — Vous voyez, Blaise, que votre grand ami est lui aussi condamné à l'inaction, plus encore que vous, qui continuez à fonctionner dans le rouage social de la France.

« — Et croyez-vous, ma tante, qu'il en soit autrement pour Pierre ? Nos prisonniers peuvent, eux aussi, faire admirer nos qualités nationales à ceux mêmes qui les nient. »

« Ma mère, dans son émotion, a trouvé un sourire.

« — Nous pensons comme vous au sujet de Pierre, cher enfant, a-t-elle dit. Pensez comme nous au sujet de vous-même. »

« Nous reconstituons ta vie, frère, d'après tous les renseignements qui paraissent dans les journaux ou qui passent de bouche en bouche. Il faut faire la part des exagérations, des épouvantes. Mais aussi n'y a-t-il pas chez certains un vague, je dirai *inconscient* snobisme (je ne crois pas à l'inconscience quand elle n'est pas le fait d'une maladie mentale) à atténuer la barbarie que les Allemands manifestent depuis la mobilisation ?

« Maintenant, vivons d'espoir et de gratitude envers la Providence, en relisant chaque jour ce frêle papier couvert de ton écriture, et qui nous prouve la réalité de ton existence.

. . . .

« C'est encore devant ce cahier que je m'installe aujourd'hui, pour que, plus tard, tu puisses connaître l'épreuve que ta sœur vient de subir, car les secousses ébranlent tout notre être successivement, chassent les impressions précédentes ou en réduisent la silhouette.

« Pour la première fois de ma vie, je me suis trouvée placée entre deux devoirs.

« Depuis que j'ai passé mes examens de la Croix-Rouge, j'avais souvent sollicité un poste d'infirmière dans une des formations sanitaires de Paris, et toujours j'avais reçu cette réponse qui, à la fin, exaspérait ma patience : « Nous « prenons bonne note de votre demande, sans pouvoir y donner actuellement « satisfaction. »

« Soigner les blessés, vivre dans cette atmosphère de vaillance et d'héroïsme apportée du front sur l'arrière, ne plus entendre des propos pessimistes, passer droit, trop pressée pour les écouter, auprès des trembleurs, en se disant que l'on va vers les braves ou que l'on vient de les quitter. C'était l'aspiration profonde qui, en moi, de jour en jour, augmentait d'intensité. Je ne laissais pourtant pas une parcelle de temps vide d'occupation. Je refusais tout loisir à ma pensée. La nuit, hélas! elle me tenait éveillée.

« Ce matin le courrier contenait une large enveloppe. (Le courrier, à présent, nous arrive au milieu d'une indifférence totale. Nous l'avons enfin, la chère lettre tant attendue avec des alternatives d'espérances et de déceptions poignantes!) Mais cette missive portait l'en-tête de la Croix-Rouge. J'ai déchiré l'enveloppe avec une promptitude fébrile, et j'ai lu :

« Mademoiselle,

« Nous ne pouvons encore répondre dans le sens que vous désirez à la « demande que vous nous avez adressée au sujet des formations sanitaires de « Paris. Une équipe de dames part jeudi prochain pour relayer, dans le Nord, « celles de leurs compagnes qui s'y trouvent depuis le début de la guerre, et « dont plusieurs sont sérieusement malades. Si vous acceptez ce poste d'hon- « neur, dont nous ne vous dissimulons pas les périls, veuillez nous faire con- « naître au plus tôt votre décision. »

« Frère, il me semble que tu es là, près de moi, que tu m'écoutes; que ma main est dans la tienne et que ton cœur bat à l'unisson du mien.

« Je n'avais pas envisagé le départ pour le front! Il me prenait par surprise; il comblait, et au delà, tout ce que mon amour pour la France souhaitait obtenir.

« Être à portée de secourir immédiatement les soldats ramenés du champ de bataille. Leur donner les soins les plus urgents, leur apporter les premiers soulagements, les aider à mourir en pensant à Dieu ou à vivre plus forts et meilleurs qu'avant; rassurer par quelques lignes, que leur main endolorie ne peut tracer, leurs mères, leurs femmes, leurs sœurs.

« C'était si beau!

« Je n'ai pas perdu un instant. La poste eût été trop lente; je me suis habillée à la hâte pour aller porter ma réponse. Il me semblait qu'une autre allait prendre ma place.

« Aussitôt prête, je suis entrée dans la chambre de ma mère et je lui ai présenté la lettre.

« Elle était debout devant moi, telle que tu l'as trouvée au jour de la mobilisation, ferme et vaillante en face du sacrifice.

« Je savais qu'elle ne chercherait pas à m'arrêter, et cependant, il m'a semblé que sa voix tremblait plus fort que le 2 août.

« Elle ne m'aime pas plus que toi, Pierre, mais elle s'était trouvée en face du devoir patriotique que les mères envisagent dès la naissance de leur fils. Aujourd'hui, c'était l'imprévu; néanmoins elle faisait belle figure, et je n'éprouvai aucune hésitation à me rendre à l'appel, après l'avoir tendrement embrassée.

« J'ai passé toute la matinée, une partie de l'après-midi à la Croix-Rouge, puis j'ai été me pourvoir de quelques objets nécessaires, et quand je rentrai, je fus très étonnée de trouver chez le concierge une enveloppe sur laquelle mon nom était crayonné, je reconnus l'écriture aiguë de Blaise et, dans cette enveloppe, une feuille de calepin déchirée sur laquelle l'enfant avait tracé ces mots :

« Chère cousine, j'étais venu vous avertir qu'en raison d'une conférence qui
« aura lieu à la fin de la journée, je ne pourrai venir travailler avec vous ce
« soir. J'ai trouvé ma tante étendue sur la chaise longue. Votre domestique m'a
« dit :

« — Madame était glacée dans son fauteuil, je l'ai forcée à s'étendre devant
« le feu, sous des couvertures, et ce n'est pas la première fois depuis le commen-
« cement de la semaine; elle ne mange pas quand elle est seule et ne peut
« digérer la nourriture qu'elle prend devant mademoiselle, à qui elle cache tout
« pour ne pas l'attrister. »

« Je vous révèle ces faits, chère Annette; ma tante m'a à peine parlé,
« m'apprenant que vous étiez sortie, rien de plus!

« Je reviendrai rue de Vaugirard me mettre à votre disposition.

« Votre tout dévoué et fraternel,

« BLAISE. »

« Je ne pouvais douter de la véracité de notre petit cousin. Et pourtant j'ai trouvé ma mère assise comme à l'ordinaire dans son fauteuil, travaillant à un sous-vêtement de flanelle destiné à l'une des œuvres de guerre.

« Je ne puis t'exprimer mon trouble. Il me semblait que mon cerveau se brisait.

« — Mère chérie, tu es souffrante?

« — Moi, pas du tout. »

« Elle se redressait et tirait l'aiguille avec une activité fiévreuse.

« — N'essaye pas de me donner le change; depuis quelques jours tu n'es pas bien.

« — A mon âge on a souvent des fatigues subites, avant-coureurs de la vieillesse ; mais, je t'en supplie, ne t'en préoccupe pas. Il ne faut jamais suggestionner la maladie.

« — Je n'ai pas parlé de maladie. »

« Je m'impressionnais davantage. Un peu éloignée d'elle, je considérais notre mère. Dans la vie d'occupation continuelle que je mène, je n'en ai jamais le temps; puis, à force de vivre ensemble, les nuances échappent.

« Ce n'était pas l'effet d'un malaise passager que l'accentuation en maigreur de toute sa silhouette! Comment n'en avais-je pas été frappée déjà?

« Un accès de toux la secoua. Je me rappelai que souvent, depuis quelques jours, elle portait son mouchoir à sa bouche et le serrait comme un bâillon. Elle comprimait la quinte, qui, cette fois, l'avait surprise avant qu'elle n'eût pu la dissimuler. Tout à coup le jeu du mouchoir recommença. J'observai la secousse de la poitrine. Alors, m'approchant, je lui pris la main. Elle était brûlante.

« — Comme tu as chaud! »

« Je la tutoie ainsi lorsque je suis inquiète à son sujet.

« Et, sans attendre, je l'interrogeai :

« — N'as-tu pas eu froid ce matin? On dirait une réaction de fièvre. »

« Elle retira sa main et reprit son travail.

« — S'il fallait, prononça-t-elle, étudier et noter toutes les impressions physiques ressenties dans une journée, on deviendrait malade imaginaire! Parlons d'autre chose. Raconte-moi ta visite à la Croix-Rouge, tes courses. Il faut que tu organises un petit nécessaire de voyage. Je dois avoir quelques objets tout préparés dans une trousse de caoutchouc. Regarde, avant de rien acheter, dans la grande malle, tout au fond, dans la mansarde du sixième. Ne voyageant plus, je

l'avais reléguée là. Justement, le jour de la mobilisation, en vue des projets
d'excursion de ton frère, j'allais l'en tirer.

« — Tes dents claquent, mère.

« — Je t'ai priée de ne pas t'occuper de cela. Où as-tu acheté tes blouses? »

« Oh! cette voix blanche qui cherchait à s'affermir en vain et se dépouillait
de résonance.

« Je ne pouvais plus douter. A la question de ma mère, pourtant si simple,
il me sembla que le parquet se dérobait sous mes pieds. J'eus la sensation très
précise d'une chute.

« Je venais de tomber du haut de l'espérance qui réalisait mes plus ardents
désirs.

« Je ne sais trop ce que j'ai répondu. J'ai quitté la chambre, l'appartement,
et, un quart d'heure plus tard, je ramenai le docteur Marbelle que j'avais eu
la chance de trouver chez lui.

« En le voyant entrer, ma mère s'exclama.

« Elle avait encore pâli et, placée tout en face, j'observai le tiraillement de
son visage.

« — Quelle folie de vous avoir dérangé, docteur, pour venir voir une
femme qui doit se résigner à vieillir! »

« Le docteur n'a répondu que par un serrement de main et s'est mis en
devoir de se livrer à un examen sérieux.

« Ma mère ne pouvait résister, elle a cédé en disant :

« — Si vous voulez acquérir la preuve que je suis encore très valide...

« — Pas en ce moment, chère madame; vous allez même quitter votre
fauteuil pour votre lit. »

« Ma mère a quitté son fauteuil; elle semblait galvanisée.

« — Non! dit-elle, je ne me coucherai pas! » Elle restait debout.

« Puis, se penchant vers le docteur, j'entendis qu'elle murmurait :

« — Dans trois jours, si vous y tenez! ... Annette sera partie. Pas avant! »

« Frère, je reste. J'ai téléphoné à la Croix-Rouge des regrets désespérés. Il
faut toute l'anxiété que j'éprouve en songeant au diagnostic du docteur pour
ne pas fléchir sous le poids de ma déception ; je ne veux pas que notre mère
s'aperçoive de l'amertume du sacrifice. Grâce à Dieu, notre réponse à la chère
lettre était partie avant cette maladie, que tu apprendras quand tout danger
aura disparu. »

XX

L'existence des prisonniers à Friedrichsfeld se modifiait tous les jours. Une intensité de vie se développait chez ces hommes revenus de la première surprise causée par le brusque passage de la liberté à la plus dure des captivités.

Ils avaient vécu farouches, d'abord, comme des fauves pris au piège; à présent, leur esprit d'initiative et d'invention se développait en raison inverse des moyens dont ils disposaient pour reconstituer un *curriculum vitæ* normal.

La possibilité de recevoir un peu d'argent permit à quelques-uns de faire pénétrer des vivres dans le camp et d'en faire le commerce.

L'idée se répandit partout; elle apportait à la fois l'alimentation, la distraction et le gain.

Ce fut une génération spontanée de marchands clandestins.

On vendit de tout, mais spécialement les objets dont l'usage était interdit : du chocolat, des cigares, des cigarettes, des confitures, miel, cognac, rhum.

Bartay en profitait peu; d'abord il avait été assez démuni d'argent et craignait, avec raison, de s'habituer à des adoucissements qui, d'un jour à l'autre, pouvaient être supprimés par ordre, et rendre par contraste la nourriture, déjà si peu appétissante, plus intolérable encore.

Il avait expliqué à Miéry le motif de son perpétuel refus de prendre sa part des provisions acquises par son ami, à qui les subsides étaient parvenus plus tôt, et s'étonnait de ces ventes continuelles.

« D'où cela peut-il provenir?

— D'où vient le *store?* comme disent nos amis les Anglais, répéta Jacques,

en réponse à la question que lui posait Pierre. Tout simplement, des... aptitudes commerciales de cette race qui prétend être surtout militaire. La vertu
allemande consiste à tirer parti de tout. Ceux de nos compatriotes qui sont
doués du génie de la vente achètent à des intermédiaires qui leur font payer
des prix exorbitants. Le Germain caporalisé et discipliné ne redoute pas
de contrevenir aux prescriptions de son gouvernement dès qu'il trouve « le
petit bénéfice ». L'exploitation du prisonnier mal nourri est encore une manifestation de la kultur. Moins prévoyant que toi, peut-être, je suis plus prudent, je me nourris et je m'abreuve, je reprends des forces et je combats la
dépression physique. »

Pierre, qui avait terminé son repas avec rapidité, seul moyen, disait-il,
d'atténuer le mauvais goût des denrées teutonnes, avait quitté la chambre des
sous-officiers et était venu s'asseoir près de Jacques, dont un des voisins de
table était entré à l'infirmerie le matin même.

Les porteurs de marmites fumantes faisaient leur entrée ; les uns offrant du
« thé bien chaud » à cinq centimes le quart, les autres du « chocolat au lait ».

Quelle aubaine pour les estomacs mal pourvus ! Les marchands faisaient
des affaires d'or, sans communiquer leur secret à personne, et la cantine qui
s'organisait ne parvenait pas à leur faire concurrence.

« Il faut réchauffer l'intérieur à défaut de l'extérieur, affirma Miéry en
dégustant son chocolat.

— Ne vous plaignez pas trop, répondit Bartay, surtout en ce moment,
vous avez vos deux grands réchauds par demi-baraque !

— Et la nuit ?

— Oh ! les nuits sont cruelles ! L'Allemagne tient le record de la couverture
de poids léger. Je dors sous mes vêtements amoncelés.

— Vous avez un gentil petit fourneau de briques, vous, les sous-officiers !

— Nous *avions*. Hier les autorités allemandes ont découvert notre construction et ont mis bon ordre à cet excès de bien-être. Le fourneau a été
démonté.

— Sans explication ?

— Naturellement. Nous supposons que, ne voulant pas nous procurer de
combustible, on a craint que nous ne mettions le bois de la baraque en coupe
réglée, et, certes, la tentation eût été grande. »

Un sergent passait.

« Je me suis dégelé à l'un de vos réchauds, dit-il à Miéry, et à présent je vais aller voir si nos amis les Russes et les Anglais ont quelque vêtement épais à vendre. »

Et, comme plusieurs têtes se retournaient avec une expression d'étonnement :

« Hier on m'a indiqué ce moyen de disputer ma peau aux morsures du

Les objets artistiques se multipliaient, variés à l'infini.

froid. Nos alliés possèdent des « dessous » perfectionnés et les recèdent à un peu plus du prix coûtant.

— Vous en verrez bien d'autres, sergent, et chez nous! J'ai fait une tournée ces jours-ci dans plusieurs baraques où l'on marche en tête du progrès. Regardez. »

Et le soldat qui venait de parler tira de la poche de sa capote trois paquets de papier à cigarettes.

Les bancs se vidèrent ; on fit cercle autour de lui :

« Pas possible !

— Tu les avais cousus dans la doublure de ta capote ?

— Les gardiens se plaignent de ce que le papier à cigarettes est introuvable en Allemagne.

— Mon cher, celui-ci est du Job perfectionné.

— Si je vous disais avec quoi il est fait, le Job perfectionné ! Tout simplement avec des « copies de lettres » dont les feuilles sont découpées à grandeur voulue. »

Fumer une cigarette ! Quelles délices de braver la défense des tyrans et se dire qu'on le doit à l'industrie française !

« Allons, déclara le sergent, je vais entreprendre un voyage de découvertes, et j'espère que l'émulation nous gagnera et que nous inventerons quelque spécialité. Condamnés à la vie la plus monotone, la plus restreinte, il faut mettre en valeur nos initiatives.

— En réalité, on peut compter presque autant d'heures de loisirs que d'heures de corvées.

— C'est-à-dire que celles-ci paraissent plus longues.

— En y réfléchissant. De 8 heures à 11 heures le matin, de 2 heures à 5 heures l'après-midi, à tour de rôle.

— Et avec quel zèle chacun le remplit son rôle, il faut voir !

— Moi, j'accepterais toutes les corvées possibles, si les Boches nous dispensaient de l'exercice. Va pour la gymnastique, c'est de l'hygiène !

— Les gardiens ne veulent pas avouer qu'ils admirent notre souplesse. Leurs yeux disent, à défaut de leur grosse bouche : « Nous n'en faisons pas « autant, même sous la cravache de nos officiers. »

— A quand le pas de l'oie ?

— Horreur !

— Tiens, cela ne serait pas pour me déplaire !

— Est-ce pour créer un numéro dans un music-hall ?

— Mon ami, il faut approfondir la couleur locale.

— J'en ai assez de la couleur locale ! Ah ! la classe !

— Avec leurs marques extérieures de respect, ce qu'ils sont exaspérants ! Heureusement ils laissent nos sous-officiers nous commander.

— Vous n'avez pas à vous plaindre de moi, dit Bartay.

— Oh ! quant à cela, sergent, avec vous, ce qu'on s'en fiche de leurs consignes idiotes ! La promenade salutaire en colonne par quatre, sans plus !

— Pour en revenir au temps inoccupé entre l'appel du matin jusqu'à celui du soir, il s'écoule exactement treize heures. Défalquons les repas. Si on ne causait pas, ils seraient vite expédiés ! Quatre heures d'exercice, et les corvées de temps à autre. Il faut préparer le lendemain de la guerre en luttant, contre l'ennui et la dépression, par le travail. Ah ! messieurs les Boches, nous sommes vos prisonniers, mais vous ne nous tenez pas !

— Et autrement ! Qui a des couteaux à repasser ? »

La porte s'était ouverte. Une voix inconnue, relevée par un fort accent périgourdin, dominait les conversations :

« Eh bien ! tenez, en voilà une initiative imprévue ! Tu es un rude gars, toi ! Mon couteau a besoin d'être affilé.

— A l'instar du sabre de Guillaume !

— Chut ! Ne parlons pas de corde...

— C'est vrai. Nous sommes les hôtes du pendu ! »

Le repasseur de couteaux avait fait tort au papier à cigarettes, dont l'heureux et d'ailleurs généreux possesseur distribuait des feuillets à qui en voulait.

Le soir on oublia le mauvais goût du mélange de pâtes, de grains et de légumes hétéroclites, pour raconter, en conversations parallèles, les merveilles de l'industrie des camarades. C'était une émulation entre tous, à qui ferait le plus de projets inédits.

En vantant les galoches fabriquées avec la toile des havresacs et dont la semelle en bois était empruntée au plancher des baraques, et les sabots de paille solidement tressée, faisant office de chaufferette, un caporal décidait de se mettre dès le lendemain à fabriquer des chaussons avec des morceaux de couvertures françaises trop usagées, mais dix fois plus épaisses que les couvertures *made in Germany* dont la libéralité du kaiser gratifiait les prisonniers.

Sortant du domaine de la cordonnerie, un fourrier, ouvrier d'art, projetait de graver des caisses à cigares. Il savait le moyen de s'en procurer et de fabriquer ainsi le coffret-souvenir qui, plus tard, serait offert aux familles, et cette invention fit naître une foule d'idées ingénieuses dans la cervelle d'un mécanicien, simple 2ᵉ classe, qui, lui aussi, semblait avoir de secrètes intelligences au dehors, et qui déclara pouvoir exécuter avec des baguettes de fusil tous les outils nécessaires à la gravure sur bois.

Chacun voulait trouver une nouveauté.

Dès lors le camp s'éveilla, après le morne cauchemar des premières semaines.

Cette intensité de vie même en imposait aux Allemands, qui en étaient amusés, distraits dans leur fastidieuse existence. La plupart des gardiens se familiarisaient avec les prisonniers, lesquels, de leur côté, n'ayant plus rien à craindre d'eux, n'éprouvaient plus la même gêne vis-à-vis de leurs geôliers.

Le départ d'Hansfeld avait été accueilli avec une égale satisfaction par ses compatriotes et par les captifs.

Bartay, un jour, interrogea à ce sujet un des sous-officiers qui avaient donné raison aux deux amis au début de la fatale affaire.

« Le commandant n'aime pas les histoires; Hansfeld en créait quand il n'y en avait pas. Tout se sait au dehors sans qu'on devine comment. Les États-Unis, l'Espagne, la Croix-Rouge, le Vatican récriminent.

— Et qu'a-t-on fait de votre... kamarade?

— Vous seriez content d'apprendre qu'on lui a ôté ses galons! Je ne le serais pas moins, mais on tient ces sortes de choses secrètes. »

D'où Bartay avait conclu que le misérable avait été mis hors d'état d'attirer des « histoires » à ses supérieurs.

C'était maintenant, dans toutes les baraques, une véritable avidité de travail manuel.

A côté des mille et une industries ou manifestations d'art, des conférences et des cours étaient organisés par des professionnels ou des amateurs sérieusement documentés.

Les nations alliées fusionnaient et se rendaient le mutuel service de l'enseignement ou du perfectionnement de leur langue maternelle. Aux langues s'ajoutaient la science et la littérature.

Ces occupations arrachaient les prisonniers au découragement. Les lettres des chers êtres laissés en France commençaient à arriver, et bientôt aux corvées d'entretien du camp et d'approvisionnement s'ajouta la bienheureuse corvée des colis.

C'était une joie d'enfant qui animait ces visages émaciés par le défaut de nourriture et par les révoltes contenues des premières heures. Tous redevenaient des hommes agissant, travaillant, manifestant leur supériorité de race et d'intelligence.

Aux chorales s'ajoutaient des orchestres dirigés par d'excellents artistes :

violons, violoncelles, mandolines étaient fabriqués à l'aide de vieilles caisses et de brouettes au rebut, travaillées avec de mauvais couteaux, transformées comme par enchantement.

Les sculpteurs ne se laissaient pas dépasser par les musiciens.

Vieux os provenant des cuisines, morceaux de bois venus on ne sait d'où, leur servaient de marbre et d'argile; des débris de verre cassé, d'ébauchoirs.

Les objets artistiques se multipliaient, variés à l'infini : bustes dont la ressemblance était frappante, caricatures qui ne l'étaient pas moins! Coupe-papier, pipes, encriers, chaînes, vases, bibelots inédits, œuvres géniales, réductions d'armes de guerre, d'aéroplanes, de métier à tisser, encombraient les baraques françaises.

9

XXI

Miéry déployait une grande activité.

Bien que, depuis la tragique matinée du poteau, jamais le nom d'Hansfeld n'eût été prononcé entre Pierre et lui, ce dernier lui avait répété les demi-confidences du sous-officier allemand. Avec sa spontanéité habituelle, Jacques s'était illusionné jusqu'à supposer qu'il était personnellement vengé par le commandant du camp. Bartay, heureux de voir que le fait du départ du feld-webel achevait l'apaisement, se garda bien de lui faire observer que cette dis-grâce était le résultat d'une foule d'actes du même genre et de l'aversion inspirée par Hansfeld à ses camarades, qu'il ne traitait guère mieux que les prisonniers, et dont quelques-uns occupaient avant la guerre des situa-tions civiles assez importantes pour donnner du poids à leurs réclamations.

Possédant une belle voix, Miéry s'était offert comme choriste.

L'abbé de Courtray, bon musicien, l'ayant entendu un jour répéter sa partie, l'avait prié de chanter un solo et de préparer le *Noël d'Adam*.

A un autre il eût dit « repasser » le *Noël d'Adam ;* mais Jacques ignorait ce chant si populaire dans les églises.

La première fois qu'il se fit entendre à la chapelle, Miéry ne recon-naissait pas son propre organe vibrant avec une force et une harmonie nouvelles.

Pierre s'était placé à l'extrémité du banc, et, la tête baissée, recueillait l'expression avec laquelle chaque phrase était prononcée...

. . . .

Son ami avait continué à garder le silence sur la question religieuse, et, cependant, ils se rendaient ensemble à la messe chaque dimanche.

Bartay savait que les visites de Jacques à l'abbé de Courtray étaient fré-quentes. Jusqu'où le jeune prêtre avait-il amené le néophyte?

La question était délicate à poser, aussi ne se la permettait-il pas.

Mais en ce jour il prit l'exacte mesure de la conversion de Miéry.

Bien au fond de lui-même, dans la partie la plus humaine du cœur, il s'était affligé et même froissé du mutisme de son ami.

« C'est moi, pourtant, qui l'ai amené à Dieu, pensait-il. Mieux encore que l'abbé de Courtray, il le sait bien. »

. . . .

Grande animation au repas du matin, Un homme informé, par lequel toutes les nouvelles des autres baraques arrivaient quotidiennement, annonça que l'autorité allemande avait autorisé une exposition des objets fabriqués par les prisonniers.

L'entrée serait fixée à cinquante centimes pour les jours ordinaires, à un franc aux jours réservés. Chacun mettrait en vente le résultat de son travail et verserait dix pour cent de ses gains. Ces sommes, jointes aux entrées, formeraient la caisse de « l'Arbre de Noël », l'œuvre de bienfaisance que les captifs fondaient pour venir au secours des camarades sans ressources.

Quelques-uns avaient vu des tableaux et des dessins exécutés par de jeunes maîtres qui avaient fixé toutes les scènes de la vie de camp ; et ces choses vécues, monotones, si souvent irritantes, prenaient, sur la toile ou sur le papier, un attrait extraordinaire.

« Si je reçois un peu d'argent, déclarait un brave canonnier, qui n'avait pas trouvé dans son vocabulaire habituel assez d'expressions pour qualifier les procédés germaniques et avait inventé quelques épithètes plus mordantes, — je me payerai un tableau, ce sera un souvenir tout de même, plus tard ! »

Les préparatifs de l'exposition, le transport des objets offraient un intérêt toujours renouvelé. C'était une émulation de curiosité et de ruses pour « voir avant les autres ». On interviewait les exposants, on avait toujours un prétexte pour les arrêter ; on s'offrait pour aider à convoyer les paquets mystérieux. On en venait même à envier les gardiens boches, qui jouissaient de la primeur du « vernissage » !

Les gardiens boches, d'ailleurs, oubliaient un peu leur triste mission et partageaient l'animation générale ; ils étaient devenus des personnages aux yeux de leurs propres camarades qui restaient à la porte. Le jour de « l'ouverture » fut un triomphe pour le génie français, il commanda l'admiration allemande.

Les officiers teutons se pressaient en grand nombre devant les étalages. Ils achetaient beaucoup, ne reculant pas devant une dépense de cinquante marcks pour acquérir un objet qui leur plaisait et qu'ils ne pouvaient décidément pas aller se procurer à Paris !

Les soldats venaient aussi en foule. Tous ceux des visiteurs qui parlaient français se faisaient expliquer avec quels moyens étranges artistes et artisans, privés des instruments et des matières premières voulues, étaient parvenus à exécuter de tels chefs-d'œuvre.

Miéry n'avait pas fourni de produit spécial; il avait collaboré à plusieurs travaux, manœuvre habile, mettant son ingéniosité au service des mains plus expérimentées, charmé de varier ses occupations et d'agrandir le cercle de ses connaissances.

Bartay s'était assez vite fatigué du va-et-vient et de la bousculade forcée dans un espace aussi étroit. Depuis trois ou quatre jours, il espérait recevoir enfin la réponse à la missive envoyée aux chères aimées. Déjà plusieurs lettres étaient parvenues à ses camarades; il s'était efforcé de partager leur joie, mais le temps, en s'écoulant, lui imposait de tristes retours sur lui-même. Il s'inquiétait.

Que s'était-il passé rue de Vaugirard?

Malgré le laconisme obligé des lettres reçues, les prisonniers avaient la certitude que Paris n'avait pas été touché par les obus allemands et que l'espoir régnait en France. Puis, devant cette manifestation de charité mutuelle, d'aide aux déshérités, Pierre souffrait de se trouver à court d'argent, alors qu'il eût souhaité contribuer largement à l'œuvre. Il avait prié sa mère de lui envoyer deux cents francs, pris sur sa réserve. Quand les recevrait-il? Il essayait bravement, néanmoins, de surmonter sa dépression. D'ailleurs il n'était pas le seul! Combien d'autres attendaient comme lui nouvelles et monnaie!

Aussitôt pourvu, il irait porter son obole à « l'Arbre de Noël ». Cette pensée l'aida à supporter la vexation qu'il éprouvait à ne pas répondre aux appels amicaux des vendeurs; pour s'y soustraire, il s'assit sur un banc placé à l'entrée.

Il n'y resta pas longtemps seul; un sous-officier russe vint s'installer auprès de lui, qui parlait français avec lenteur et correction.

Il avait salué Bartay par ces mots :

« Nous nous comprendrons parfaitement bien. »

Et ils avaient causé.

Le Moscovite était un grand jeune homme aux yeux bleus, sans reflets, mais doux et beaux; il avait fait d'assez fortes études. Sans détailler son existence toutefois, il mettait Pierre au courant de sa vie morale.

Un doute hantait cette âme naturellement religieuse et qui, néanmoins, ne pouvait admettre la conception du sacrifice, la grandeur de la pauvreté, la beauté des immolations.

« Il y a trop de contrastes, dit-il, entre ce qu'est la vie et ce qu'elle

devrait être. Cette pensée me poursuit depuis mon adolescence ; elle m'a conduit au versant du nihilisme, elle m'a fait aspirer au grand soir !

— Vous parlez au passé ?

— Oui ; l'amour de la patrie, la loyauté envers celui qui commande à la
sainte Russie m'ont dominé ; mais l'action et le fracas des armes ont cessé trop
tôt pour moi !

— Il faut accepter la volonté de Dieu et nous dire tous que nos devoirs
envers nos pays ne cessent pas parce que nous n'avons plus une arme dans
les mains ; nous devons nous montrer plus nobles que nos geôliers, c'est notre
victoire, à nous. »

Le Russe porta un regard mélancolique en face de lui.

« Vos compatriotes, dit-il, ont une intensité de vie extraordinaire. Aujourd'hui
ce sont eux qui traînent nos ennemis, nos persécuteurs, à leur remorque.

— Vous êtes robuste, fort, instruit, vous pourriez vous joindre à
nos travailleurs, à nos conférenciers, enseigner le russe et apprendre l'anglais
si vous ne le savez pas, développer un talent sous la direction de ceux dont
l'esprit d'initiative a commencé une organisation suivie d'enseignement... »

Bartay s'était interrompu, attendant une réponse, une demande d'être mis
en rapport avec quelque Français de marque parmi les intellectuels et les artistes.

Ce fut un soupir qui lui répondit, suivi de ces seuls mots :

« L'âme souffre ! »

Doucement, comme une mélopée lointaine, doucement, comme le refrain en
mode mineur de la mélodie nationale d'une race qui sent surtout le côté douloureux de l'existence, le jeune Russe murmura, dans sa langue maternelle,
les mêmes mots :

« Doucha bolit ! »

En ce moment un soldat russe passa devant lui, et, se retournant, s'arrêta
pour le saluer.

Longtemps ils causèrent, ce dernier surtout parlait.

Le sous-officier se retourna enfin du côté de Pierre :

« Je regrette, dit-il, que vous ne puissiez comprendre Dimitri.

— Un de vos hommes ?

— Non, nous n'avons pas été pris ensemble ; il s'est engagé dans notre
armée par haine du pangermanisme, dont il avait saisi tous les dangers.

— Vous dites : « Il s'est engagé dans notre armée ; » il n'est donc pas
Russe ?

— Il l'est à présent.

— A quelle nation appartient-il donc ?

— Je ne vous le dirai pas. Qui sait ce que le sort de la guerre réserve aux Slaves, et avec qui ils marcheront? C'est un Balkanique qui venait parfois séjourner dans les environs de Kiew, la ville sainte. Il a une vraie tête de soldat. Il l'est! Il s'est battu pendant la dernière guerre et a reçu de terribles blessures.

« On l'a trouvé dans la tranchée où il était de garde, la poitrine traversée par des éclats d'obus et la bouche délirante, les yeux déjà pleins de mort ; les médecins l'ont ressuscité.

— Je regrette de ne pouvoir lui parler.

— Il vous conterait, comme il vient de le faire, la nuit terrible! car Dimitri est brave, brave le jour... Il ne peut supporter l'ombre; il lui semble alors que la puissance des ténèbres escorte l'ennemi.

« Là-bas, il veillait, immobile, accoté à la paroi de la tranchée, parce qu'il lui semblait que le contact de la terre rompait la solitude dans laquelle l'éloignement de la patrouille le laissait.

« La bataille, le canon, la mitraille, plutôt que la garde de nuit! Et cependant il y avait partout des hommes disséminés.

« Il se croyait, dans la tranchée, descendu vivant dans sa fosse; le nom même du poste le troublait : la Femme-Morte, — on avait trouvé là, jadis, une pauvre vieille assassinée ; — il eût voulu dévisager toutes les choses sombres qui l'entouraient.

« Peu à peu un bruit grandit autour de lui : le canon, la fusillade.

« La fièvre lui monte au cerveau, il charge son fusil, il tire follement en hurlant : « Arrière! Arrière! » comme s'il avait averti l'ennemi qu'il était en délire de tuerie, et chaque lueur sortie de son arme redoublait pour lui dès qu'elle avait cessé l'épouvante des obscurités !!!

« Il lui lui semblait que tous les tirs convergeaient sur sa poitrine et il se défendait avec rage.

« Souvent il croyait distinguer une masse énorme qui avançait vers lui : il voulait recharger son fusil; sa main plongeait dans la giberne, elle était vide.

« Alors ces bruits de guerre, qui ne l'émotionnaient même pas à la lumière du jour, l'enserraient, le faisaient trembler d'une peur irraisonnée.

« Il obéissait à la consigne, s'immobilisait à son poste de combat, en se demandant sur quel point de sa chair tressaillante il allait recevoir le coup fatal.

« Et ce fut ainsi que Dimitri fut frappé... dans les ténèbres.

— Il suit votre récit comme s'il le comprenait.

— Je lui ai dit que j'allais traduire ses paroles, et sa curiosité est en éveil; il trouve étrange que des sons si différents puissent reproduire la même pensée! »

L'heure de la fermeture arrivait; déjà un remous se produisait vers les portes.

Pierre et le Russe s'étaient levés.

« Quel don vous avez, vous, Français, pour charmer même vos ennemis ! Tous ces Allemands, si jaloux de la résurrection de votre patrie après 70, vous admirent, et sentent qu'aucun des objets *made in Germany*, avec toutes les facilités possibles, ne vaut ceux que vous exécutez avec des moyens de fortune.

— D'infortune, vous voulez dire.

— Non ; aujourd'hui, vous n'êtes pas des infortunés, vous êtes les protagonistes de l'ingéniosité. Et, cependant, il manque quelque chose à votre exposition si originale, si étrange.

— Quoi donc?

— Les arts de la femme, de la Parisienne, depuis la petite midinette jusqu'à la grande dame artiste. »

Pierre ne put s'empêcher de sourire.

« L'art féminin, dit-il, ne serait guère souhaitable ici. Nous ne pouvons regretter que nos héroïques ambulancières ne partagent pas notre captivité ! »

Ils étaient à présent au dehors. Plusieurs sous-officiers allemands, deux officiers même, s'approchèrent

« Bonjour, kamarade !... Très joli !... très varié ! »

Les formules elles aussi « variaient », suivant le degré de connaissance de la langue française ; mais Bartay ne fut pas longtemps à observer l'affectation que mettaient ses interlocuteurs à laisser le Russe à l'écart.

D'un coup d'œil, les deux lieutenants fixèrent celui-ci au garde à vous, tandis qu'ils prenaient un ton presque courtois pour s'adresser à Pierre. Un feldwebel alla plus loin :

« Très remarquable utilisation de l'intelligence et de la force de réaction qui est la caractéristique de votre race. On nous avait singulièrement trompés sur votre compte ! »

Bartay gênait et vexait son interlocuteur en ne lui répondant pas ; il voulait que celui-ci allât jusqu'au bout de ses déclarations sans recevoir aucun encouragement ; il présentait une tête de bois à cette avalanche de compliments.

« Faits pour nous entendre, continua le Germain ; fâcheuse guerre, malheureuse guerre, mais nous nous tenons plus haut dans notre estime réciproque ! »

Nous les avons battus quelque part, songeait Pierre.

« Deux grandes nations s'unissant pour partager le monde ! »

Le Teuton s'emballait.

Encore un espion! Sans nul doute ; il parlait trop bien le français !

« Bonne journée, excellente journée ! Agréable interruption de l'existence monotone du camp... Habitude à prendre... Renouveler souvent ces distrac-

tions ! Si j'étais M. le commandant, je mettrais tous les instruments possibles
à votre disposition.

— Personnellement, je n'y suis pour rien. Je n'ai donc pas le droit
d'accepter vos félicitations. »

Cette froideur accentuée ne découragea pas le Teuton, qui eut bientôt
atteint son but.

« Nous ne pouvons placer sur le même pied tous nos ennemis. Vous,
vous êtes des... adversaires chevaleresques ! L'Anglais se joue de ses alliés pour
faire des affaires, et quant à l'ours russe... »

Vivement, Pierre s'était retourné vers son compagnon moscovite et lui
serra fortement la main.

« Chantecler, opina-t-il, est en sûreté contre les attaques des aigles bicé-
phales quand l'ours et le léopard répondent à son coup de clairon ! »

Le Prussien s'empourpra, ses yeux s'arrondirent et devinrent menaçants.

Ce Français abusait. Ingrat ! il répondait aux flatteries, flatteries inesti-
mables, en affirmant la Triple Entente des peuples pour qui la parole donnée
doit être la parole tenue. La leçon ne passa pas inaperçue. Le Boche comprit que s'il sévissait au nom des lois de la guerre, il ne serait pas seulement
odieux, mais ridicule.

Se ridiculiser devant un Français, c'était, pour l'Allemand, la dernière des
hontes. Il se sentait battu.

Donner un autre tour à l'entretien était le seul moyen de clore l'incident.
L'Allemand crut s'évader du blocus.

« Très beau, *Chantecler !* Superbe pièce, amusante, renouvelée des Grecs !
Et pas licencieuse. Un grand poète, Rostand ! Style coulant, vers fondant
comme le miel dans la bouche, facile à comprendre pour les étrangers !

— *Chantecler* claironne en un français que les étrangers devinent, mais
que les Français seuls comprennent, rétorqua Bartay.

— Oh ! croyez que nous vous comprenons ! C'est vous qui ne nous comprenez pas.

— Alors faites-vous mieux juger.

— Mais... aujourd'hui !

— Aujourd'hui, c'est la France qui a fait tous les frais de la trêve, si trêve
il y a ! »

XXII

L'aspiration à rentrer « dans la vie » se développait de plus en plus chez les prisonniers de Friedrichsfeld. Après l'exposition, le travail continua, mais il fallut y ajouter des distractions d'un ordre encore plus mouvementé.

« Une demi-baraque est organisée en salle de théâtre. »

Telle était la dernière nouvelle apportée par un des camarades de Barlay. Le lendemain, Miéry confirmait l'assertion. Depuis quelques jours, tous les spécialistes s'étaient mis au travail.

« Il ne s'agit pas de traiter avec la Société des auteurs dramatiques, mais bien de représenter des œuvres inédites, dans lesquelles l'actualité entre comme un facteur important.

— L'actualité, répéta Pierre, et la censure? Il me semble qu'elle doit être assez intraitable !

— Pas tant que tu crois. Nos auteurs et nos acteurs payent d'audace... Et l'audace réussit assez, près des autorités du camp. D'ailleurs, on ne peut se distraire à huis clos, il faut toujours que les inévitables gardiens soient présents; or, ils escomptent une partie de plaisir ! Comme disait l'un d'eux l'autre jour au plus célèbre de nos peintres captifs :

« — Vous nous faites voir Paris ! »

— Ou revoir Paris !

— Peut-être... Qu'y faire, sinon nous montrer plus spirituels que nos gardes-chiourme?

« Ce n'est pas eux que nous cherchons à amuser. Ils en profitent par la force des choses. Nous soutenons le moral des nôtres, et nous alimentons la caisse des secours, plus nécessaire que jamais.

« Le camp est maintenant transformé en une immense mutualité organisée suivant le principe régionaliste, et le résultat est merveilleux. Les besoins de chacun sont mieux connus. Souvent ils reposent sur des situations de famille pénibles, délicates, que les intéressés n'aiment pas à conter, et ainsi les dons et les prêts sont acceptés sans fausse honte.

— Chacun est stimulé par la pensée du bien qu'il peut faire. Je crois qu'il ne serait pas exagéré d'appliquer aux prisonniers français ce que les persécuteurs disaient des premiers chrétiens : « Voyez comme ils s'aiment ! »

C'était Miéry qui venait de parler.

Pierre avait tressailli.

Enfin Jacques confessait sa foi ouvertement! Bartay avait tant redouté que le respect humain ou l'esprit de contradiction ne fermassent à jamais les lèvres de son ami.

Un groupe se précipitait à la porte pour regarder au dehors.

Dans la blancheur terne du ciel et du sol, entre deux couches de neige, les hommes sandwichs défilaient.

Quel programme! Quelles attractions!

Évidemment les Boches étaient submergés et satisfaits. Privés de la brasserie, ils iraient au spectacle, comme sur les grands boulevards de Paris! ce Paris qu'il leur fallait désormais renoncer-à conquérir !

Concert par la chorale et les instruments, boxe et luttes, fragments de ballets... russes, exécutés par d'étonnants danseurs, gymnastique, etc...

« Tout cela n'est que le prélude! Un peu plus tard, nous aurons la première sensationnelle de *Cafard Revue*.

« Les épisodes de la vie du camp y passeront et la blague mordra à plein dans la bocherie.

— Pièce interdite d'avance !

— Non pas. Elle promet un succès étourdissant. Les répétitions font la joie des blagués qui, pour une fois, montrent assez d'esprit pour rire des effets comiques tirés de leur propre personnage.

« Il y en a qui s'en montrent même singulièrement flattés. Si l'on se fâche, on verra bien jusqu'où porteront les coups de tonnerre. Depuis quelque temps, le tonnerre est en fer-blanc ! »

Un sous-officier s'était approché doucement et avait glissé dans la main de Bartay un petit papier imprimé.

« Lis et cache... »

Jacques s'était penché par-dessus l'épaule du sergent et dévorait avec lui les nouvelles de la guerre dans une coupure de journal français.

« L'union des alliés constitue la force victorieuse, dit Miéry, comme notre

L'Allemand ouvre la marche, son livre sous le bras.

union entre prisonniers maintient nos énergies et conserve à la France les Français de l'avenir. Je n'ai jamais tant aimé mon pays...

— Qu'en exil?

— Que depuis que j'ai compris la religion qui l'a pétri! »

Le nombre des corvées venait de s'augmenter, mais avec quelle joie on va remplir la dernière, la corvée des colis! On ne se préoccupe plus du froid, de la pluie qui fouette le visage, de la bise qui pénètre sous les pauvres vête-ments, des larmes qu'elle tire de force des yeux creusés par l'amaigrissement. On marche, joyeux, autour des grandes voitures, on excite les chevaux. Et tout au long du chemin l'on se demande :

« Y a-t-il quelque chose pour moi? »

Le petit Untel, qui a tant de peine à surmonter son découragement, va-t-il recevoir quelque paquet confectionné par les mains tremblantes de la pauvre vieille grand'mère qui l'a élevé et qui a dû user ses yeux à lui tricoter des « dessous bien chauds »?

Et ce brave Breton de Pornic va-t-il avoir enfin la boîte de sardines réclamée à sa « chère femme » comme une chose précieuse?

Pierre avait reçu un paquet et une lettre. Une lettre, ou plutôt une carte très courte.

« Nous allons bien, nous pensons à toi. »

C'était le lien entre le présent et le passé. On n'était plus la triste chose abandonnée; on avait encore une famille, des amis. La pensée traversait l'espace et s'exprimait enfin sous une forme visible.

Le colis était le commentaire de la courte missive. Il en disait davantage, sans que la terrible censure y vît rien.

Le choix des objets valait toute une effusion; il indiquait combien les goûts, les petites manies, les désirs du cher absent étaient pieusement con-servés dans les mémoires fidèles, et combien les sollicitudes s'étendaient à toutes les misères de la captivité.

Et le cachet des messageries françaises! On le regardait, on le considérait longuement; ce rien apportait aussi quelque chose de « là-bas ».

Jacques et Pierre avaient fait partie de la deuxième escorte.

« Tu te souviens, au début, des déceptions de tous ces pauvres gars expectants, les yeux brillants, des yeux de loups affamés! Et trouvant dans l'enveloppe du colis une feuille de papier avec ces mots : « vivres interdits, » et des inventions boches qui consistaient à remplir l'estomac des gardiens et à bourrer leur pipe avec les comestibles et le tabac de France, sous prétexte de les partager entre les blessés? »

Mais des ordres précis étaient venus, et, cette fois, on allait entrer en possession de son bien.

Autour de chaque voiture les chefs de section s'étaient rangés, et un homme, grimpé au faîte, soulevant chaque colis, criait l'adresse. Au nom de l'appelé, le chef de section répondait :

« Présent! »

Seulement il fallait attendre que le sous-officier boche eût inscrit chacun sur le registre de contrôle...

Alors se forma le cortège de la distribution.

L'Allemand ouvre la marche, son livre sous le bras; les hommes de corvée portent les trésors, et l'on se dirige vers les baraques, au bureau.

Là, selon la méthode des Teutons, il faut encore attendre. Chaque prisonnier est nommé et doit signer un reçu, assister à la fouille. Et rien n'est exaspérant comme de voir les gros doigts de l'ennemi remuer les objets, chercher la lettre ou le journal prohibé, enlever les livres qui devront être examinés à la kommandatur.

Pierre et Jacques s'en retournèrent avec leurs hommes, joyeux comme des enfants au jour des étrennes, rapportant dans leurs baraques leurs pauvres paquets éventrés, déchirés, intacts pour la plupart, mais quand même profanés!

Dans le bâtiment sombre, sur les lits de misère, ils étalèrent les précieux contenus; un peu d'air de France circula et rendit plus respirable l'atmosphère boche.

Jacques et Pierre avaient fait, sur la paillasse du premier, une exposition des objets reçus et procédaient à des partages amicaux.

Des groupes se formaient autour des favorisés, et ceux-ci se montraient généreux pour les camarades qui, disait l'un d'eux, n'avaient « rien gagné à la loterie!!! ».

« Il faudrait avoir un cœur d'Allemand pour manger tout seul les vingt-quatre sardines contenues dans ceci! »

Et le Breton, auquel cette chance était échue, tenait à bout de bras une boîte de fer-blanc sur laquelle dix paires d'yeux étaient braqués.

« Pourvu qu'on ne soit pas obligé de demander du pain en France pour le manger avec des sardines!

— Quel pessimiste! blagua un Parisien. Il est très mangeable, le pain de la cantine : un peu trop de fécule dedans, voilà tout.

— Et l'on y débite cinq mille pains de deux livres par jour!

— Voici la meilleure preuve qu'ils nous font mourir de faim, répliqua un grand Artésien, large d'épaules, taillé en force et dont l'amaigrissement progressif avait fait rentrer la poitrine et rendu les yeux caves. Heureusement que les camarades qui ont le moyen de s'acheter du pain blanc donnent aux autres leurs parts de pain de seigle !

— Il devient exécrable, leur pain ! On en mangeait volontiers d'abord, parce que le reste manquait. Et ils n'en donnaient pas lourd, ces rats d'Allemands ; mais nous allons toucher bientôt la famine en fait de ration !

— Moi, je me ferai envoyer du pain de France, puisqu'ils ne pillent plus nos colis... Mon oncle paternel est boulanger, il peut bien me faire ce cadeau-là !

— Sérieusement, nous ne sommes pas loin du jour où le pain ne sera plus mangeable. Ils le disent entre eux... et alors, qu'est-ce qui nous restera ? »

Jacques faisait une distribution de tabac, son colis en étant largement pourvu, puis il revint près de Bartay et savoura quelques chocolats offerts par son ami.

« Je te prierai, lui dit-il, de compléter le prochain colis qui viendra à mon adresse, il y manquera quelque chose.

— ???

— Oh ! tout simplement un petit paroissien... Je veux suivre les offices, lire les psaumes.

Volontiers. »

Pierre se garda de poser l'interrogation : pourquoi n'adresses-tu pas cette demande à ta famille ? Il avait compris.

XXIII

Bien qu'un peu apaisé par la possibilité de correspondre avec sa mère et sa sœur, Barlay était obsédé par l'idée de l'évasion.

Il avait tout quitté pour défendre sa patrie ; que faisait-il à présent ? Parfois il s'attachait à la pensée que l'endurance et la vitalité manifestées par les prisonniers français impressionnaient les Allemands et les rendaient moins sûrs de la victoire, qu'ils annonçaient cependant sur l'air connu de la poudre sèche.

Malgré la proximité de la frontière, la fuite était difficile. Ce n'était pas chose aisée que de se glisser hors du camp sans être aperçu.

La première tentative d'évasion qui avait eu lieu peu après l'arrivée des prisonniers avait été menée rondement par un marsouin, qui n'avait parlé de son projet à personne et l'avait combiné d'après ses aptitudes personnelles.

Sa décision avait été spontanée et la mise à exécution immédiate.

Au cours d'une corvée exécutée à l'extérieur du camp, un autre marsouin, nommé Desfuis, avait trouvé moyen de disparaître et de longer la rive de la Lippe, ayant observé que parfois des barques y étaient attachées.

Son espoir, sur ce point, n'avait pas été trompé ; il était parvenu à en détacher une, à sauter dedans sans être aperçu et à gagner la rive opposée. Mais à quelques mètres de la frontière hollandaise, il avait été arrêté. Son premier mot fut :

« Si au moins je m'étais trouvé à cinq lieues de la Hollande ! Cent pas, et c'était fini ! C'est trop bête ! »

Ce fut cette malchance inouïe, cette déception, cet échec en plein succès, qui arrêtèrent net des plans déjà combinés et détournèrent les prisonniers d'en préparer d'autres.

Aux derniers jours d'octobre, le fait était oublié, et une nouvelle tentative était préparée par un petit groupe.

Le marsouin Desfuis, dont la punition, relativement peu sévère d'ailleurs, était expirée, fut sinon l'inspirateur, au moins le guide et le conseil des autres.

Pierre avait tout ignoré d'avance; après coup, il s'était rappelé certaines allures mystérieuses d'un territorial de son régiment, Charles Besse, la veille même du jour de l'évasion, tandis qu'il rentrait à la baraque avec un paquet sous le bras.

Un paquet! ce n'était pas l'époque tant désirée des colis. Toutes les curiosités avaient été éveillées chez ces grands enfants, dont la journée de travail était terminée, et qui s'efforçaient, en devisant, d'oublier la perspective de la longue nuit froide qui les attendait sous leurs maigres couvertures.

Besse et son paquet avaient été entourés.

« Où as-tu trouvé le colis?

— Chez les voisins d'outre-Manche.

— Un jersey?

— Non.

— Allons, montre. »

Le territorial se disposait à écarter le papier d'emballage et à satisfaire ses camarades, lorsque tout à coup, se ravisant, il renoua la ficelle qu'il commençait à desserrer et, sans se fâcher, mais résolu, déclara :

« Au fait, laissons cela. Que chacun s'occupe de ses affaires!

— Très bien. Monsieur est libre de faire blanchir son linge à Londres!

— J'aurais voulu admirer le glacis d'un plastron! Il y a rudement longtemps que je n'en ai porté!

— Au moins, Besse, donne l'adresse de la maison. »

Pierre était rentré dans la chambre des sous-officiers sur cette dernière phrase, et, comme toujours, il avait attaché peu d'importance à ces plaisanteries dont il s'amusait sans s'y mêler d'ailleurs.

Deux jours plus tard il avait connu tous les détails de la fuite, bien combinée, qui avait libéré un sergent et deux soldats français du joug des Boches.

Le sous-officier Manliot, de l'armée coloniale, le marsouin Desfuis, qui avait artistement passé à l'encre les passe-poils rouges de son pantalon, Besse emportant son fameux paquet non moins bien caché, avaient mis dans leur confidence quelques prisonniers plus discrets que hardis, qui redoutaient les conséquences de l'évasion, graves surtout pour Desfuis, récidiviste, dont les quinze jours de cellule n'étaient rien auprès de ce qui pouvait l'attendre.

Manliot saisit l'occasion avec adresse. Le plan fut exécuté en un jour de cor-

10

vée, moment propice. Le sergent était chargé de faire creuser des trous pour y amasser des détritus.

« Prenez deux pelles chacun, » avait-il commandé.

Et à ceux qui lui demandaient depuis quand on pouvait défoncer la terre des deux mains à la fois, il avait répondu :

« Ce n'est pas plus difficile à faire pour nous qu'aux Boches d'entrer dans Paris ! »

Depuis quelques jours, les curieux qui circulaient autour du camp ne se lassaient pas d'annoncer la prise de la capitale, avec force commentaires désobligeants, qui mettaient en relief leurs aptitudes de polyglottes.

Sur un signe imperceptible, Desfuis et Besse, toujours aux aguets des mouvements de leur chef de file, se fondirent dans les rangs de la corvée après que chacun d'eux eût déchargé un de ses camarades de sa seconde pelle.

Activement les trous furent creusés. Les fugitifs y descendirent et furent prestement entourés de sable, la tête recouverte d'un sac ; la paille et le papier emportés du camp formèrent une couche légère qui, sans provoquer trop de suffocation, les dissimulait à tous les regards.

La corvée attendit la fin du jour pour rentrer et s'éloigna au milieu des croassements des corbeaux qui voletaient lugubres et menaçants au-dessus des évadés.

Certainement les trois hommes avaient gagné le Harrevelt hollandais, car les Allemands ne se vantèrent jamais de les avoir repris.

Pierre, souvent, avait exprimé le regret de n'avoir pas su deviner les intentions de Besse.

A chaque nouvelle tentative, qu'elle fût ou non couronnée de succès, il était évident que la surveillance deviendrait plus étroite et les châtiments plus sévères, surtout pour les gradés.

Bartay se demandait si, vis-à-vis de la patrie comme vis-à-vis de sa famille, il devait risquer de compromettre sa liberté pendant de longues années et sa vie, peut-être, dans un effort aussi aléatoire. En d'autres moments, l'existence lui semblait, malgré le travail intéressant auquel il se livrait en complétant plusieurs de ses études, si abominablement lourde et sans but, qu'il se sentait prêt à courir tous les risques pour y mettre fin...

La tentative de fuite d'un homme qui s'était glissé dans la voiture qui venait chaque jour chercher les épluchures de pommes de terre enlevées des cuisines avait échoué.

Parvenu à sortir du camp grâce à ce moyen ingénieux, il avait été repris au pont de Wesel.

Après le découragement causé par cette mésaventure, trois sous-officiers découpèrent un soir les fils barbelés à quelques pas des sentinelles et s'enfuirent avec tant de hardiesse et de bonheur que toutes les imaginations en furent surexcitées.

Les factionnaires, soupçonnés d'avoir aidé les prisonniers, se disculpèrent difficilement aux yeux de l'autorité.

Nouvelles précautions : les fils de fer furent désormais non seulement barbelés, mais électrisés. Les évasions semblaient devenir impossibles. La moindre tentative devait être forcément surprise.

Ce fut la nécessité même d'inventer un plan absolument inédit qui, en exacerbant le cerveau de Bartay, triompha de ses dernières incertitudes et le poussa à l'action immédiate.

Miéry fut son premier confident.

« Ma décision est prise, lui déclara Pierre, tandis qu'ils faisaient les cent pas après l'exercice sous le regard blasé des sentinelles. Mon cher ami, on ne peut plus passer là-dedans. »

D'un geste restreint, évasif, il désignait la machine à électrocution.

« On ne peut passer par-dessus ; une troisième voie nous reste...

— Laquelle?

— Passer dessous.

— Le chemin des taupes?

— Précisément.

— Ce sera long.

— Moins que la captivité. »

Jacques s'était arrêté, silencieux.

« Continuons à marcher, dit Pierre à voix basse ; si je traite en public une affaire aussi mystérieuse, c'est justement pour que nul ne doute que le sujet de notre conversation ne soit absolument banal. Maintenant, donne-moi ton avis.

— J'estime que, dans un cas pareil, il faut adopter des combinaisons très rapides.

— Et pourquoi?

— Pour ne pas perdre l'élan. Mais pourquoi as-tu pris cette décision? »

Qu'y avait-il de changé? Pierre n'eût pu ni l'analyser ni expliquer comment cette soif de liberté, cet impérieux désir du retour vers la patrie lui était venu, alors qu'autour de lui le grand nombre se résignait et cherchait tous les moyens d'améliorer la situation.

Jacques reprit la parole.

« J'interroge, mais du moment où tu fais appel à mon amitié, je marcherai *avec* toi, même sans explication.

— Non, ne marche pas avec moi ; je ne veux pas t'entraîner à un acte dont les suites peuvent devenir si redoutables. Ce serait abuser de cette amitié dont tu n'as besoin de me donner aucune preuve. J'y crois. Reste, je t'en prie. Plus que moi tu as su te créer une vie possible; tu es mêlé à l'intensité d'initiative qui réserve à la France des activités précieuses. Quelques mois seront bientôt passés.

— Ils passeront aussi vite pour toi.

— Moi, j'éprouve la conviction que cette tentative d'évasion est un devoir. Je l'accomplirai. »

Ce fut dit très simplement, et, très simplement aussi, Jacques répondit :

« Laisse-moi t'aider. Au dernier moment, je verrai si je te suivrai. Maintenant, explique-moi ton plan, ou votre plan, car il ne peut être réalisé que par plusieurs, d'après le peu que tu m'en as révélé.

— Voici. Nous avons songé à exécuter les travaux du tunnel de la délivrance en creusant le sol, sous un prétexte d'ailleurs assez difficile à trouver. Deux obstacles nous arrêtent : la nature sablonneuse du terrain, le va-et-vient perpétuel des surveillants boches.

— Des impossibilités à vaincre...

— Non! à tourner; nous ne les vaincrions pas. Nous avons résolu d'utiliser un travail déjà fait : celui d'une des fosses, la moins fréquentée et la plus distante des baraques, laquelle présente, en plus, l'avantage d'être située vis-à-vis du séchoir.

— Où cela?

— A vingt mètres environ des fils de fer, en ligne droite. C'est au-dedans de cet abri que s'ouvrira notre souterrain. Par là nous filerons tous vers la frontière hollandaise.

— Et après?

— Nos précautions seront prises pour y arriver sans uniformes, et comme nous sommes démunis d'armes, les autorités neutres ne nous retiendront pas.

— Compte un terrassier de plus, bien que le point de départ séduise peu certaines de mes... délicatesses! »

XXIV

Le lendemain, les travaux commencèrent. Tout avait été prévu, et le service d'ordre strictement organisé.

Un planton, souvent relayé par un autre travailleur de l'équipe, était chargé d'éloigner quiconque voudrait approcher de l'édicule, en avertissant qu'il était infecté.

La mission du veilleur était compliquée par le nombre de portes d'accès; l'homme de confiance était donc astreint à une perpétuelle circulation et devait avoir l'œil au guet, une oreille aux écoutes vers le côté qu'il n'occupait pas, saisir les sons, et voir venir de loin.

Les outils nécessaires manquaient, et ce fut avec les instruments les moins adaptés à la besogne que l'on établit, sans aucun coffrage, un tunnel de soixante-dix centimètres de diamètre.

Le travail, commencé en pleine gelée, exécuté le soir, et surtout la nuit, était conduit hâtivement; car si un dégel survenait, tout serait perdu.

La guérite du factionnaire allemand faisait face à la « gare du départ ».

Tel était le nom que portait désormais le petit édifice qui abritait le travail de délivrance.

Que d'alertes pendant les heures de travail, et que de peines pour ramener le sable du tunnel au fond de la fosse et l'y étaler, alors qu'à chaque instant le signal d'alarme retentissait!

Un matin, Jacques Miéry, qui avait pris la place du planton, parut à l'une des entrées, le visage bouleversé; il venait avertir.

« Deux officiers! Ils sortent de l'autre édicule. On les a prévenus... Ils inspectent partout.

— Que vont-ils dire en voyant nos barricades de fil de fer? »

Les syllabes claquaient dans la bouche d'un des plus ardents travailleurs. Justement, les fils de fer qui barraient les portes sauvèrent la situation. Les deux Allemands les regardèrent, hésitèrent, et, finalement, s'éloignèrent, croyant sans doute qu'on les avait placés là pour interdire l'entrée aux prisonniers, peu curieux, sans doute, d'en connaître la raison.

Ils n'étaient pas à la recherche du mystérieux souterrain et ne songeaient qu'à l'hygiène du camp.

Mais trois jours plus tard, alors que chacun se croyait en sécurité, un capitaine se présentait à une des portes et se disposait à pénétrer. En ce moment avait lieu le découpage du plancher, on pratiquait la trappe qui devait donner accès dans la fosse.

Affolé d'abord, le planton avait néanmoins prévenu ses camarades, puis s'était éloigné en toute hâte.

Un des ouvriers avait conservé son sang-froid ; il se précipita au-devant de l'intrus et l'arrêta avec de grands gestes, en criant de toutes ses forces :

« *Désinfect ! désinfect !* »

La mimique était trop expressive pour ne pas faire reculer l'enquêteur le plus déterminé. Celui-ci rebroussa chemin.

Seul, le planton, vertement tancé pour avoir abandonné son poste, garda un mauvais souvenir de l'alerte.

Rien ne rebutait les travailleurs, ni les craintes perpétuelles d'une surprise, ni les fatigues accumulées, multipliées par une série d'émotions angoissantes.

Être saisis dans ce trou infect, emmenés, emprisonnés après avoir tout sacrifié à l'espoir de retourner en France et y reprendre les armes contre l'ennemi ! C'était intolérable !

Une pensée préoccupait Bartay. Comment arriver à estimer avec certitude la distance qui séparait l'édicule du séchoir ? On ne commandait plus de corvée de ce côté... Impossible de s'y rendre.

Pour ne pas être observé par le factionnaire on jetait un regard à la dérobée, et, plus loin, on délibérait. Pierre recueillait les voix, déplorant que parmi les travailleurs il n'y eût ni géomètre ni arpenteur.

« La majorité a décrété qu'il y avait entre les deux constructions un espace de vingt-cinq mètres, dit-il à Jacques, qui n'avait pas assisté à la consultation technique.

— Je me récuse, déclara celui-ci. Mais je redoute que le forage ait été fait trop au jugé. »

Le forage, c'était, en effet, le point redoutable. On souhaitait voir arriver le moment où il aurait lieu, mais on le souhaitait avec une étreinte au cœur.

Toutes les précautions furent prises pour le « grand soir ».

Dans la journée, les vingt-cinq mètres de tunnel avaient été achevés.

Plusieurs prisonniers étaient parvenus à se procurer, par les colporteurs clandestins, des boussoles; d'autres, des lampes électriques. Les sous-officiers s'étaient munis de cartes; de petits groupes s'étaient formés qui devaient, après l'appel de 9 heures, se trouver à un point désigné.

Il se précipita au-devant de l'intrus et l'arrêta avec de grands gestes.

Chaque groupe devait sortir à une demi-heure d'intervalle par le trou pratiqué dans le séchoir, si le percement réussissait.

Si le percement réussissait!

Ceux qui, ainsi que Miéry, éprouvaient une défiance la dissimulaient; ils avaient besoin, pour ne pas être découragés eux-mêmes, de ne pas décourager leurs camarades.

Un seul s'était chargé de la perforation, un homme de métier qui ne voulait ni aide ni direction.

Les autres étaient massés près de l'entrée, en proie aux plus violentes émotions.

La voix du travailleur parvenait jusqu'à eux.

« Le travail est en bonne voie! »

Les têtes s'exaltaient. Elle est si près, la terre de Hollande, d'où l'on voguera vers la France pour y retrouver les êtres chers et repartir plus forts, plus résolus, reprendre sa place au régiment !

Néanmoins des appréhensions se font jour. Que se passe-t-il là-bas? Depuis quelque temps tous étaient si occupés, qu'ils n'avaient pu parvenir à se procurer les journaux mystérieusement introduits dans le camp; ils ignoraient les choses de la guerre.

Le froid était épouvantable. Pour résister à ses morsures, ces hommes forts, dont les pauvres cœurs battaient à se briser, se tassaient les uns contre les autres; mais l'espoir ranimait le sang dans leurs veines, les réchauffait, surexcitait les nerfs.

Le grand moment approche !

« Tout va bien ! » a crié de nouveau le perforeur.

Il va sans doute prononcer dans quelques instants la formule de la délivrance : « Venez, le passage est libre ! »

XXV

Les minutes s'allongent, les poitrines halètent.

Bartay n'y peut tenir.

La vision brève de sa mère et de sa sœur traverse son cerveau, Il veut les revoir, il les reverra!

Un pas précipité, une voix étouffée. C'est l'homme, « l'homme, » le seul qui existe en ce moment pour ces fugitifs; il revient vers eux.

Chez lui la poésie se mêle à tout; il est du pays de Mistral!

« J'ai vu, dit-il, le ciel étoilé! »

On l'entoure, on le croit fou. Il s'explique. Au moment où il perçait la dernière couche glacée, il a vu clair, si clair en cette nuit froide et dure! Le tunnel ne débouche pas sous le hangar, mais à quelques mètres de la sentinelle, en plein air!...

La consternation, plus encore que la prudence, étouffe les cris de rage, les exclamations désespérées.

Bartay, Miéry, plusieurs autres encore, veulent voir et se glissent dans le tunnel, jusqu'au trou fatal, étroit encore. En silence, une tête se hausse, se renverse, des yeux observent. La sentinelle ne semble pas avoir aperçu ce qui se passe près d'elle. Le Boche, lourd et calme, engourdi par le froid, somnole plutôt qu'il ne veille.

On délibère.

Va-t-on abandonner le fruit de tant de travail et de peine, après de telles anxiétés?

Non, on fera mieux. Déjà l'espoir revient. C'est si bon d'espérer!

On étudie le trou à l'aide des lampes. Certes, il est petit, mais, le jour venu, les Boches le découvriront.

La sentinelle peut secouer sa torpeur, marcher, arriver près de l'orifice, y mettre le pied, y glisser, l'élargir de son poids et y disparaître, et parmi ces déçus, ces désespérés, ces êtres à demi morfondus par l'angoisse et l'amertume des regrets, c'est une joie folle à la pensée de cette descente du Boche dans le tunnel! Mais il faut compter avec ses cris, ses appels, le tapage teuton qui fera découvrir le complot.

Il faut donc à tout prix dissimuler le trou. Les plus dévoués et les plus prompts s'y mettent. On le ferme à fleur de sol, on tasse la terre à l'intérieur par un coffrage en bois, et, sans perdre un instant, avec des données plus certaines cette fois, le percement du tunnel est repris.

. . . .

Il n'y a plus de trace, à peine un souvenir de la déconvenue cruelle; on se dit qu'elle a aidé à repérer le séchoir. Et, quarante-huit heures plus tard, le travail est mené à bonne fin. Sous l'abri même aboutit la dernière perforation!

C'est le nouveau « grand soir », le soir des espérances tenaces, le soir de la libre action, le soir où les captifs vont redevenir des hommes libres.

Tous sont là, les équipes reformées comme l'avant-veille; les dispositions ont été prises pour ne pas être portés manquants à l'appel de nuit.

La première équipe de dix s'engage dans le souterrain.

Bartay dirige la seconde équipe, celle qui veille à la sécurité des partants et entoure l'édicule.

A voix basse, chacun interroge le plus rapproché de lui, espérant qu'il entend mieux, et, surtout, qu'il n'entend rien! Le silence seul peut rassurer sur le sort des compagnons d'avant-garde.

Bartay a cru surprendre une rumeur. Convulsivement, ses doigts ont saisi la main de Miéry et la compriment; c'est la seule manière dont il puisse exprimer la violence de son émotion.

Le départ des premiers assure le départ des seconds, leur ouvre la route de France. Rien... Ils sont passés!

. . . .

Un homme accourt; un retardataire? Il avait sans doute hésité jusqu'au dernier moment, et la confiance l'a gagné. Mais non, ce n'est pas de lui qu'il s'agit! Il ne songe pas à l'évasion; il ne pense qu'aux amis en danger! D'une voix entrecoupée, il jette cette phrase désespérante :

« Des prisonniers ont été portés manquants à l'appel de 9 heures, malgré toutes les précautions! »

Il n'a pas besoin d'ajouter : Les Allemands commencent les recherches; nul n'en doute. C'est l'écroulement de l'effort, l'orage destructeur, la tempête qui balaye tout dans le « ciel étoilé » !

« Eh bien, déclare Bartay, partons quand même. La promptitude seule peut nous sauver. »

A 9 heures et demie cinq Français sont déjà engagés dans le tunnel.

« Je franchirai le passage en dernier, affirme le sergent, et si je suis arrêté, ne vous occupez pas de moi. Je le veux... C'est mon exprès commandement... enten... »

La dernière syllabe est coupée. Les chiens policiers précèdent la patrouille allemande ; leurs aboiements retentissent.

« Dispersez-vous ! » tel est l'ordre du chef, et chacun s'échappe vers l'ombre la plus épaisse.

Deux seulement sont saisis et conduits au poste de garde.

L'édicule est cerné. Néanmoins le tunnel n'est pas découvert ; et cependant il demeure à présent inutilisable.

« Ne regrettons rien, prononce Bartay lorsqu'il rejoint Miéry après la course folle qui leur a permis de rentrer à la baraque, nous avons procuré la liberté à quinze Français ! »

Mais deux Français seulement réussirent à passer la frontière. Les treize autres furent arrêtés sur différents points.

Deux soldats de plus dans les rangs, là-bas ! Deux heureux !...

Le travail en commun et la communauté de l'échec avaient encore resserré le solidarité.

Le lendemain, toute la gent teutonne était en révolution ; mais, chose curieuse, les imprécations contre les « têtes de Français » étaient mélangées d'interjections admiratives pour l'ingéniosité de leurs cervelles, « si légères » d'ordinaire.

XXVI

« Mon cher, très cher frère,

« Nous lisons tes lettres à trois, après les avoir guettées, demandées, comme si le pauvre facteur, détenteur de tant de trésors, les pouvait procurer à son gré.

« Ma mère est presque rétablie, et bientôt elle sortira et prendra soin des « petits » dont je t'ai parlé et que, forcément, l'une et l'autre nous avions négligés. Pour les promenades seulement, car ma chère malade exige que je sorte pour lui rapporter de leurs nouvelles, et les sourires des enfants me faisaient un peu oublier peines et fatigues.

« Blaise et nos travaux en commun mettent la note animée dans l'harmonie monotone de notre existence. La carte et les quelques lignes qui nous viennent de toi en sont le rayon de soleil. Le colis que tu demandes partira ce soir. Je t'offre le livre destiné à ton ami. Nous souhaitons que les vêtements chauds t'arrivent promptement. Nous t'embrassons, frère chéri, du meilleur, du plus profond de notre cœur. »

. . . .

« Je prends le cahier que tu liras au retour. Je le prends d'une main tremblante, et il me semble, après l'avoir ouvert, que les lignes que j'y trace aujourd'hui vont être à demi effacées par les larmes. Larmes d'énervement et, si j'osais le dire, de rage.

« Oh! la lettre banale que je viens de t'écrire : elle ne transmettra rien de nos pensées et vaudra moins que le silence, si tu ne devinais, si tu ne savais que toute notre existence est attachée, rivée à la tienne!

« Le canon tonne dans toutes les directions du nord-est, et si nous n'entendons pas ses grondements, nous nous sentons environnés par la guerre, la grande guerre, si grande que l'on ne croyait pas qu'elle pût jamais éclater, et qui peut-être bientôt englobera l'Europe entière.

« Nous nous demandons, mon frère chéri, ce que nous devons lire entre les lignes de tes lettres. Un point est acquis, le principal, la pratique et l'ambiance religieuse t'est assurée. Le beau mouvement de foi qui avait surélevé tant d'âmes et tourné tant d'yeux vers le Ciel ne se ralentit pas.

« La France captive et la France combattante ne forment qu'un seul faisceau. Le Christ reste le consolateur suprême.

. . . .

« Le lendemain.

« Enfin nous l'avons entendue, la voix de la mitraille, mais dépouillée de la majesté des batailles.

« Des shrapnells sont tombés sur Paris, sans cause apparente, comme un nuage de grêle malfaisante qui s'abat sur un champ isolé.

« Une enfant blessée, un pauvre petit corps innocent partiellement détruit, des hommes frappés en pleine maturité.

« Telle est l'œuvre de guerre du kaiser, qui veut remplir le monde du bruit de ses exploits; tel est le lamentable échantillon qu'il en donne à la capitale de la France, qui lui répond par son mépris indigné.

« C'est Blaise qui m'a appris ces nouvelles, car je n'étais pas sortie ce matin. Le fracas seul était venu jusqu'à moi, sans que la raison m'en fût connue.

« Blaise était en proie à une émotion inexprimable, exalté.

« — Pourquoi mon pauvre coffre infirme n'a-t-il pas été déformé tout à fait! m'a-t-il déclaré avec amertume. Déformé par la mitraille allemande, comme si j'avais été sur le lieu du combat! Pourquoi cette souffrance indésirée, au lieu de celle qui eût été la bienvenue, qui eût apaisé la souffrance morale qui me ronge?

« — Blaise, êtes-vous jaloux de la petite Denyse?

« — On n'est pas jaloux lorsqu'on admire, chère cousine.

« — Je vous sais au-dessus de l'envie, et je compare vos regrets à ceux des martyrs qui voyaient partir leurs compagnons pour les luttes du cirque et la conquête des palmes célestes. Mettez votre volonté à être ce que Dieu veut que vous soyez. Ne préférez pas le Calvaire à Nazareth. Jésus a passé vingt-huit ans à Nazareth et trois heures au Calvaire. Attendez!

« — Vous savez ce qu'est l'attente?

« — Mieux que vous. »

« Il a baissé la tête, ramassé sur lui-même, sachant combien j'avais souhaité remplir le poste qui m'était offert au front, et comment j'avais fait passer d'abord le devoir filial, marqué par la Providence, et que lui-même m'avait signalé.

« — Eh bien, reprit-il, ma tante, bientôt, n'aura plus besoin des soins d'une femme, je pourrai veiller sur elle. J'occuperai la chambre de Pierre en votre absence. Vous pourrez partir en toute sécurité. »

« Je lui ai serré cordialement la main, comme un homme à un autre homme. Il a repris, la voix très basse, proférant un aveu pénible :

« — Je viens d'essayer de m'engager comme infirmier. Ils n'ont pas voulu de moi ; je n'ai pas la force exigée, même pour les ambulances de l'arrière. »

« Je l'ai regardé, alors, à la dérobée, car je sais qu'un coup d'œil trop manifestement arrêté sur lui trouble tout cet organisme et altère même l'équilibre cérébral.

« Cette âme a réellement brûlé ce corps, l'a desséché, atrophié. Quand l'esprit est occupé hors des réalités, quand il vit dans un autre monde, comme à l'heure de nos études, un être différent se manifeste ; mais lorsque Blaise est rappelé aux réalités douloureuses des vocations manquées, des aspirations déçues toujours, des nobles soifs que rien en ce monde ne peut assouvir, cet équilibre se rompt, et le désir du sacrifice prend une forme aiguë qui deviendrait un obstacle à l'action.

« A cette frêle santé il impose des privations. Je viens de le découvrir. Il a voulu jeûner pendant autant de jours que nos troupes héroïques avaient été privées de nourriture lors de la retraite sur Paris. Abstinence de nos soldats, grande comme les grands jeûnes bibliques qui précédaient et préparaient les victoires du peuple de Dieu ! Notre pauvre cousin est si pâle, si amaigri, avec des yeux si lumineux ! Son corps trouve dans le jeûne l'affaiblissement, mais son cœur a l'illusion de souffrir pour la France, avec ceux qui meurent pour elle.

« Frère, demain j'irai porter à l'héroïque petite Française qui sourit, paraît-il, sur son lit d'hôpital, le salut du prisonnier soldat.

« J'ai remercié Blaise de son offre de s'installer ici. Je n'en ai pas parlé à ma mère. Je ferai encore une tentative pour obtenir du service dans une ambulance de Paris. »

XXVII

L'immense désir d'évasion qui, peu à peu, s'était élargi dans l'esprit de Pierre, ne diminuait pas en mesurant les difficultés qui s'accumulaient. Maintenant il ne se résignait plus à son sort.

« Sur cent tentatives d'évasion, quatre-vingts échouent, dit-il un jour à Miéry. A présent, ici, nous sommes brûlés ; je n'ai l'espoir de fausser compagnie aux Boches que dans un autre camp. Je vais demander à faire partie d'une des équipes de travailleurs qui doivent quitter Friedrichsfeld dans les derniers jours de janvier. »

Jacques s'attrista de cette détermination.

« Tu m'abandonnes !

— Tu as maintenant d'autres amitiés, dont l'une au moins est infiniment plus précieuse que la mienne. »

Jacques ne répondit pas ; il se défaisait lentement de ses anciennes habitudes extérieures. Le catholique convaincu qu'il devenait observait souvent encore le silence de Nicodème.

« D'ailleurs, reprit Bartay, pourquoi ne demanderais-tu pas à partir avec moi ?

— Je doute que la permission m'en soit accordée ; de plus, la requête me semble dangereuse.

— Pourquoi donc ?

— Parce que le feldwebel Hermann Strauss nous soupçonne tous deux d'être compromis dans l'affaire du tunnel, et que rien ne doit faire remarquer une intimité qui serait taxée de complicité. »

Pierre n'insista pas.

La liberté qu'il voulait conquérir serait chèrement achetée, et, malgré son désir de la partager avec Miéry, il ne pouvait l'induire à une résolution qui entraînait tant de dangers.

En allant voir une dernière fois l'abbé de Courtray, il aborda le sujet si délicat sur lequel, jusqu'ici, il avait observé un mutisme absolu.

« Laissez-moi Jacques Miéry, » fut la réponse du jeune prêtre.

Une émotion serra le cœur de Pierre. Peut-être, lors de la tentative d'évasion si fatalement terminée, avait-il failli compromettre les plus hauts intérêts moraux de son ami.

Il risqua, la voix troublée :

« Jacques ne me confie rien ou si peu ; mais vous, monsieur l'abbé, vous semblez rempli d'espoir ? »

Puis, se reprenant, il ajouta avec un sourire :

« Vous connaissez ma discrétion... Je ne vous demande qu'un seul mot, sans les détails qui m'intéresseraient tant et que je ne suis pas en droit de connaître.

— Jacques Miéry est en pleine crise d'âme, crise heureuse. Tous les convertis ne sont pas frappés sur le chemin de Damas. Êtes-vous satisfait ?

— En pouvez-vous douter ?

— Allez-vous-en avec la joie d'avoir accompli une très belle œuvre : si vous avez cessé pendant des mois de batailler pour la France, vous avez durant ce temps amené une âme à Dieu. »

Depuis quelques semaines, les départs qui avaient motivé la nouvelle décision de Pierre se succédaient.

Méthodiques, les Allemands avaient procédé à un recensement, afin d'employer chaque groupe de prisonniers suivant les capacités de chacun. Les aménagements du camp s'achevaient, et son entretien ne réclamait plus un aussi grand nombre de bras. Ailleurs, sur tant de points, il fallait suppléer à la main-d'œuvre allemande.

Mineurs, fondeurs, tourneurs, ouvriers en fer, cultivateurs, tisserands, avaient été groupés et successivement expédiés sur les lieux où leur présence était le plus nécessaire.

Tout d'abord, on avait fait appel aux volontaires.

La même pensée dictait la même réponse négative.

On ne voulait pas travailler à accroître la prospérité économique de l'Allemagne, alors que son appauvrissement secondait les efforts héroïques de nos armes.

Les promesses se multipliaient.

La nourriture serait meilleure, les logements confortables. Un salaire rémunérateur permettrait ou d'amasser un pécule pour le jour de la libération, ou d'améliorer sensiblement les conditions de l'existence.

Un petit nombre se laissa, non pas séduire, mais entraîner par le manque de subsides.

L'épuisement causé par la mauvaise alimentation, qui pouvait compromettre l'avenir, déterminait parfois un ouvrier à chercher tous les moyens de ne pas se perdre la main et d'augmenter sa ration.

Les Allemands résolurent d'accroître le nombre des travailleurs par des désignations d'office.

Un premier groupe de spécialistes fut expédié dans les environs de Krefeld.

Une quinzaine de jours après leur départ, Bartay, qui, sa demande enregistrée, attendait (n'exerçant aucune profession manuelle, on ne se hâtait nullement de l'expédier au dehors), rencontra un groupe de ces mêmes hommes que l'on venait d'évacuer sur l'infirmerie du camp.

Les gardiens n'étaient pas de trop méchante humeur, et la présence de cinq à six Anglais, circulant de ce côté et auxquels il était de mode, à Friedrichsfeld, de faire sentir qu'on voyait les Français d'un œil moins haineux, permit au sergent d'interroger les revenants, en prenant toutefois les précautions voulue pour ne leur attirer aucune sorte de désagrément.

Un soldat du génie lui répondit tout bas :

« Nous déchargions des rails et du matériel de chemin de fer provenant de Belgique. Les Boches pillent pour reconstruire ailleurs. Et vous croyez, sergent, qu'il y a des gens qui ont assez d'estomac pour bien se porter en faisant un pareil métier! Métier de voleur, ma foi, j'en ai assez! Je voulais travailler pour me désennuyer, je n'ai pas fait la sourde oreille; mais, à présent, qu'ils en cherchent d'autres! Moi, je vais me fourrer entre les mains des majors, un peu moins mauvais diables que les autres. J'ai bien gagné l'infirmerie. »

Les groupes suivants furent composés d'Anglais, de Belges et de Russes, qui, disait-on, se livreraient aux travaux agricoles.

Nul d'entre eux ne revint jamais pour l'affirmer.

Une équipe de tourneurs, de fondeurs et ouvriers en fer partit pour une destination inconnue.

Pierre n'y avait pas été compris : on avait choisi les gradés, bien qu'ils n'eussent pas à prendre une part directe aux travaux, parmi les professionnels.

Bartay se persuadait de plus en plus que, partout ailleurs, l'évasion serait facilitée.

Bientôt un bruit sinistre courut parmi les prisonniers : tous les ouvriers métallurgistes avaient été répartis dans des fabriques d'obus!

Maintenant Pierre se désespérait d'avoir été lui-même au-devant de la redoutable alternative.

11

Il n'accepta pas de participer, même comme surveillant, à l'œuvre infernale. Forger des armes contre les Français, contribuer au massacre des alliés !

Alors c'était la mort ou une détention interminable, la fin de l'espoir suprême de rentrer en France !

Cependant, les preuves manquant, l'émotion était déjà calmée lorsque des mineurs furent envoyés en Westphalie, où, leur dit-on, le travail au jour alternait avec le travail au fond de la mine.

Peu de temps après, Bartay fut désigné pour accompagner les carriers sans qu'il pût parvenir à savoir, même par un des feldwebels qui n'avait jamais cessé de s'entretenir avec lui sur un ton de camaraderie contre lequel se raidissait le sous-officier français, vers quelle partie de l'Allemagne lui et ses compagnons seraient dirigés.

Le lendemain matin, deux cents prisonniers avec deux sergents, dont Pierre était le plus ancien, furent conduits à la gare et embarqués dans un train de voyageurs.

A Dusseldorf, changement de train pour prendre la ligne d'Elberfeld et descendre, en cours de route, à la petite station de Flandersbach.

Pierre mit le voyage à profit pour se livrer à une série d'observations.

Après avoir satisfait tout d'abord leur curiosité en considérant la troupe des prisonniers massés sur le quai, les Allemands, dont les Français partagèrent les wagons, étaient rentrés dans une complète indifférence.

Sans les factionnaires armés qui ne les perdaient pas de vue, les captifs auraient eu l'illusion complète de voyager pour leurs affaires personnelles.

Un premier point était donc acquis. Un évadé isolé ne serait pas l'objet de soupçons ou d'un intérêt trop prononcé.

De plus, à toutes les gares, les allées et venues des voyageurs s'effectuaient sans le moindre contrôle.

Nulle demande de papiers, nulle interrogation indiscrète qui eût provoqué la révélation d'une identité dangereuse.

Mais si ces constatations affermissaient les espérances de Pierre, deux autres les diminuaient : l'augmentation de l'écart entre lui et la frontière hollandaise et le voisinage d'Essen !

Qui pouvait savoir? Tant d'industries dépendent les unes des autres, tant de mains-d'œuvre se ramifient !

Le directeur des établissements d'exploitation des carrières se tenait sur le quai de la station de Flandersbach, où les prisonniers descendirent.

« Je vous attendais avec impatience, » dit-il aux deux sous-officiers français, qui accueillirent ce salut avec une glaciale correction.

Des ordres furent aussitôt donnés, la colonne se forma et suivit à pied la route de la gare à Wulfrath.

Après trois quarts d'heure de marche, à moitié chemin entre les deux localités, on fit halte, puis demi-tour, et, à l'écart de la route, les captifs se trouvèrent aux portes de leur nouvelle geôle.

La fatigue physique (on était en route depuis 6 heures du matin et aucune nourriture n'avait été distribuée encore à 3 heures de l'après-midi) était grande.

La sensation matérielle de l'arrivée l'emporta sur l'impression morale : on allait se reposer !...

XXVIII

Bartay, lui aussi, subit tout d'abord la détente qui suivait le passage de la quasi-détresse du camp de Friedrichsfeld au bien-être relatif des établissements de Wulfrath.

Le bâtiment dans lequel les prisonniers furent conduits était de construction imposante, contigu à une prison de droit commun, dont les occupants étaient affectés à l'exploitation des carrières.

Les nouveaux venus s'installèrent dans les logements des ouvriers travaillant au compte de la société.

« Vous aurez pour vous tout le deuxième étage, » dit en assez bon français un vieil employé qui marchait à côté des deux sergents. Et, comme ceux-ci ne répondaient pas, il ajouta, forçant à l'amabilité la nature germanique :

« Vous saurez enfin ce que l'Allemagne fait pour les travailleurs ; vous verrez comme elle veille à leur grand confort. Vous vous trouverez bien ici.

— Nous ne nous trouvons bien qu'en France, » articula nettement, lentement, comme s'il eût redouté de n'être pas assez bien compris par le Teuton, le sergent Marc Toussaint, le camarade de Pierre Bartay. Puis il ajouta sèchement :

« Si nous nous trouvons passablement ici, ce sera en comparaison du camp de Friedrischfeld. »

Les soldats allemands procédaient déjà à la distribution des logements.

Ils avaient commencé par prendre possession des locaux situés aux deux extrémités du large couloir qui régnait tout au long de l'étage, et séparait les chambrées les unes des autres.

Le vieux Boche ne démordait pas de l'idée d'amener ses hôtes forcés à reconnaître la supériorité germanique sous la forme humanitaire :

« Voyez, dit-il, quelles proportions ! quelle hygiène ! Chacune de ces pièces est carrée, cinq mètres sur cinq, trois de hauteur. On calcule de même dans toutes les langues, n'est-ce pas ? Soixante-quinze mètres cubes ! Vous entendez, *herren* sergents ? J'ai dit soixante-quinze mètres cubes d'air ! Nous logeons là huit hommes. Calculez encore soixante-quinze divisé par huit : neuf mètres cubes, trois cent cinquante décimètres cubes par homme ! Voyons, est-ce assez ? Un Français absorbe-t-il plus d'air qu'un Allemand ? Non, n'est-ce pas ?

Pierre lui tournait le dos, obstiné à contempler le paysage.

— Les Français absorbent surtout moins de bière, rétorqua Toussaint.

— Ah ! oui ; mais vous ne la dédaignez pas, notre bière allemande ! Seulement vous ne savez pas la boire !

— Nous ne savons pas l'avaler, voulez-vous dire.

— Oui, oui, c'est juste ! Nous l'avalons et vous la buvez, et même vous la dégustez, preuve que vous la trouvez bonne... Oh ! j'ai été à Paris.

— Ils y sont tous allés, murmura Pierre à son camarade ; que ne sommes-nous allés aussi nombreux à Berlin, jalonner la route sur laquelle nous aurions été donner la main à nos amis russes ! »

Ce dernier mot seul atteignit les oreilles du Germain.

« Oh! les Russes, les Russes! Vous vous êtes épris des Russes, et pourtant c'était avec nous qu'ils faisaient des traités de commerce! Les Français, toujours les mêmes, ne connaissent pas leurs intérêts. Vous deviez vous allier à nous, et nous aurions été avec vous les maîtres du monde! Nous aurions accaparé toutes les entreprises.

— La France respecte le principe des nationalités, affirma Bartay; elle combat pour la liberté et non pour l'oppression.

— Des mots, des mots! Notre kaiser aime mieux mettre les nationalités à sa remorque.

— Nous sommes venus pour installer nos hommes, monsieur, dit sèchement Bartay.

— Il y a si longtemps que je n'ai causé avec des Français! Je les préfère à tous les autres peuples. »

Un silence de glace accueillant cette déclaration, l'Allemand se résigna à reprendre son rôle de cicérone.

« Voilà nos soldats en train de procéder à l'aménagement des vôtres. »

Les deux sergents s'en allèrent chacun d'un côté du couloir, mais le vieil employé ne lâchait pas sa proie, et comme il savait que c'était Pierre qui commandait, il s'adressait à lui.

« Voyez donc ces couchettes! Lits de fer, paillasses. Puis-je dire... moelleuses? couvertures épaisses, plusieurs par lit; et ces armoires, bien comprises.

— Trop grandes pour nos bagages!

— Eh! eh! vous les remplirez! Bien nourris, bien payés, bien chauffés, chauffage à vapeur toujours égal, chauffage doux afin d'éviter l'éclosion des maladies engendrées par les hautes températures. Oh! nos professeurs de médecine et d'hygiène sont les premiers du monde, et nous appliquons leurs théories dans nos établissements industriels. Nous sommes très forts, très forts. »

Et comme Bartay, énervé, se dirigeait vers une fenêtre :

« Fenêtre large, immense. Aération colossale, enlève les vapeurs des haleines, rend la place saine. Les murs ont été repeints tout nouvellement, et en couleurs claires et gaies! »

Il ajouta, maladroit et déplaisant :

« On attendait les Français, croirait-on. Vous qui êtes toujours à vanter la clarté de votre ciel et la gaieté de votre capitale! »

Pierre lui tournait le dos, obstiné à contempler le paysage.

« Voyons, herr sergent, avez-vous vu quelque part des lavabos aussi bien organisés, aussi propres? »

Cette fois, le visage de Bartay se détendit. L'Allemand avait raison, et

quel inappréciable bienfait, après la pénurie d'eau dont on avait tant souffert
au camp, surtout pendant les premières semaines!

Voici l'humanité qui remonte à la surface, songea Pierre, qui s'en voulait d'avoir presque laissé échapper un sourire. Si la propreté n'était pas une
vertu, j'aurais des remords de la satisfaction que j'éprouve. Je voudrais rester
insensible à ce confort relatif, au lieu d'en éprouver une sensation de bien-
être, de repos. Mais, chaque jour, je répéterai la parole à la fois si sublime et
si utilitaire de saint Bernard : « Qu'es-tu venu faire ici? » et je répondrai :
« M'enfuir! »

XXIX

Tandis que les prisonniers, avec une régularité militaire, rangeaient et pliaient le peu d'effets qu'ils possédaient, leurs gardiens assuraient toutes les mesures de... protection.

Les fenêtres qui pouvaient servir de communication avec le reste de l'établissement étaient condamnées, des barricades organisées partout.

Un poste de garde occupait le bas de l'immeuble, et les factionnaires faisaient les cent pas dans le corridor.

Le confortable germanique s'en trouvait considérablement diminué. Néanmoins la circulation d'une chambre à l'autre, les promenades dans le couloir furent autorisées; l'escalier resta interdit, sauf pour affaires de service.

Enfin l'heure du repas!

Maintenant les hommes s'aperçoivent de nouveau que la faim les tenaille.

« Après tout, le menu ne varie guère, fit observer Toussaint en s'asseyant en face de Bartay. Et, cependant, toutes nos vieilles connaissances de là-bas, orge, riz, fèves, ont un aspect presque appétissant; dans cette mixture je ne retrouve pas le traditionnel goût de « vieux sac » auquel cinq mois n'ont pas suffi à familiariser nos palais. On mange à sa faim.

— Ne t'illusionne pas, fit observer Pierre; un jour viendra où nous verrons décroître notre pitance quotidienne; si, au moins, à défaut de la quantité, nous conservons la qualité!

— Le vieux bavard qui s'accrochait à toi avec tant de persistance m'a affirmé que nous toucherions des pommes de terre « colossales » et de la choucroute exquise; il m'a averti qu'au repas du matin nous aurions une ration de viande ou de poisson, ajoutant avec emphase : « Vous aurez même de la viande le soir! » La voici, la ration de viande! »

En même temps le sous-officier piquait une saucisse au bout de sa fourchette.

« Ration de viande boche! » s'écria-t-il.

Il allait déposer cette victuaille sur l'assiette de Pierre, qui l'écarta prestement.

« Arrière! je déteste cet amalgame. Je m'en tiens à la bouillie et au pain de seigle. J'aime le pain depuis que j'en ai été privé par son goût exécrable qui le transformait en nourriture n'ayant de nom en aucune langue. Celui-ci est-il vraiment bon? Pour en juger, il ne faudrait pas venir en droite ligne de Friedrichsfeld! Il nous semble tel, et cela nous aide à le consommer.

— Et vous en aurez tous les jours une ration kolossale : sept cents grammes! Herr sergent, sept cents grammes (c'est le vieux crampon qui parle), de quoi engraisser, vous autres Français, le plus souvent maigres!

« Quant à la boisson... de l'eau que nous supposerons pasteurisée, car ici tout est hygiénique. La plus grande Allemagne préconise l'hygiène...

— Mais elle prohibe le vin, qu'elle ne reçoit plus de France, à moins que, hélas! notre pauvre Champagne ne soit en partie sous son pouvoir. Elle prohibe aussi la bière, dont elle n'a jamais assez et dont elle se gardera d'abreuver nos bouches inutiles. Le crampon, après avoir descendu quatre marches, s'est hissé jusqu'à la troisième pour m'avertir que si nous aimions la limonade, la société se ferait un plaisir de nous en céder au prix de vingt pfennigs le verre!

— Le mélange de la limonade avec la choucroute me rend rêveur; je préfère l'eau à cet horrible mélange! »

Le lendemain Bartay, qui avait, pour la première fois depuis la mobilisation, dormi copieusement, se réveilla dans un étonnement profond.

Il ne se rappelait pas des circonstances et des événements récents; il avait la sensation obscure d'être « ailleurs », d'une transplantation dans un endroit inconnu où l'on ne vivait plus dans un cauchemar de misère physique.

Peu à peu les idées revinrent, très vagues d'abord et disséminées, puis plus précises, et l'ordre se rétablit dans son cerveau.

Alors il se souvint qu'il était au dimanche, et que ce dimanche se passerait sans qu'il pût assister à aucun office religieux. De ce côté il avait tout perdu, et il se prit à regretter d'avoir quitté le camp.

Les messes de prisonniers célébrées par des prêtres-soldats captifs lui avaient fait éprouver des émotions qu'il ne ressentirait donc jamais plus!

Il n'avait pas assez réfléchi à cette conséquence inévitable de son départ. Tout naturellement sa pensée se porta vers l'abbé de Courtray et vers Jacques. En ce moment ils devaient être ensemble, car il avait remarqué depuis un mois que Miéry sortait de très bonne heure chaque dimanche, bien qu'il retournât ponctuellement avec lui à la grand'messe, après « l'astique ».

Il n'avait pas pu rejoindre le jeune prêtre depuis l'entretien qu'ils avaient eu au sujet du néophyte; il s'était confessé à un autre ecclésiastique la semaine précédente.

Il revoyait Jacques au moment de leurs adieux, adieux sans intimité, en public, au milieu des camarades et des Boches qui encadraient les partants.

La position militaire, le salut raidi encore par les prescriptions du régime allemand; mais quelle étreinte dans cette dernière poignée de main, comme elle avait exprimé le secret « merci » que les lèvres retenaient! Un merci, qui dépassait de beaucoup les preuves d'amitiés courantes.

XXX

Dès le lendemain, Bartay reçut l'ordre d'accompagner les prisonniers chargés d'extraire les pierres calcaires.

La surveillance qu'il avait à exercer ne touchait qu'à la discipline, mais il
cherchait tous les moyens de s'instruire, en même temps qu'il étudiait les ressources et la configuration du pays. Il profitait de l'agglomération de ses
hommes pour les connaître successivement, échanger quelques paroles avec
chacun d'eux, observer les physionomies et les apparences de fatigue et de
dépression.

Les soldats, mal nourris, la plupart insuffisamment vêtus, n'étaient guère
préparés à ces rudes travaux, et il s'en inquiétait.

Le troisième jour, le fils du directeur, venu pour inspecter la carrière,
s'approcha du sous-officier. Il parlait un français très correct.

Encore un qui a usé de notre hospitalité! songea Pierre; encore un de
ceux auxquels on a facilité la soi-disant pénétration pacifique de notre pays!
au moins, il ne porte pas les armes contre la France!

« Vos hommes sont actifs et débrouillards, dit l'Allemand, après un échange
de froids saluts. Nous sommes satisfaits que l'autorité militaire ait accédé à
notre demande : nous le prouvons en les traitant bien. Nous avons préféré vos
compatriotes à tous les autres, en raison de leur vivacité. »

Bartay portait le regard autour de lui. Les carrières étaient remplies de
travailleurs. Pourquoi tant de labeur et de fébrilité? Malgré l'attitude glaciale
qu'il avait adoptée, il ne put s'empêcher de faire cette réflexion tout haut :

« Pendant cette période de guerre, durant laquelle les débouchés sont res-
treints, où toutes les industries souffrent ou restent même en suspens, comment

les prisonniers de droit commun ne suffisent-ils pas à l'extraction des pierres dont la consommation est forcément restreinte?

— C'est justement la nature de la période que nous traversons qui nous pousse à doubler notre production, parce qu'elle augmente nos débouchés.

— ???

— Les pierres que nous chargeons en wagons sont employées comme « fondant » par les usines Krupp. »

Bartay eut un haut-le-corps.

L'impression vague, indéfinie, qu'il avait éprouvée en constatant le voisinage d'Essen, se transformait en réalité effarante.

Avec une naïveté ou un cynisme tranquille, le sous-directeur aggrava :

« Le fondant est exigé en quantité colossale pour la fabrication des canons, des grenades et de tous les autres engins qui sont à l'heure actuelle de nécessité première.

— Et c'est à cela que le gouvernement allemand emploie des prisonniers de guerre? On me l'avait dit à Friedrichsfeld, et je m'étais refusé à le croire. C'est une indignité! »

Le jeune homme restait muet devant cette explosion. Indifférent à la véhémence du sous-officier, il sentait néanmoins qu'il n'avait pas le droit de la modérer.

Un des principaux employés venait de le rejoindre. Celui-ci jugea mieux la situation, il essaya de réparer :

« Les pierres qui sont extraites en ce moment, dit-il, ne sont pas destinées à la fonderie d'armes, mais à la fonderie de rails de chemin de fer. »

« Les chemins de fer transporteront les armes et les troupes des dépôts vers le front! pensa Bartay avec amertume; de quelque côté que l'on se tourne, il faut toujours travailler contre la France et ses alliés. Et c'est à ce prix seulement que je puis tenter de la servir à nouveau! »

Pendant les jours qui suivirent, Pierre accomplit sa tâche dans un morne découragement, dont il ne sortait que pour causer avec les hommes et leur parler de leur famille.

Plus il étudiait la possibilité de l'évasion, plus les difficultés se hérissaient devant lui. Il avait cru facile de gagner la frontière lorsqu'il se trouverait hors de l'enceinte du camp; à présent, il lui semblait qu'un cercle de fer se resserrait autour de lui, l'étreignait, l'étouffait.

C'était lui-même qui avait demandé à quitter Friedrichsfeld. Il se considérait comme responsable de sa participation indirecte aux travaux maudits des usines Krupp.

Son parti était pris; il présenta sa demande de retour au camp en termes

énergiques et mesurés à la fois, en précisant ses raisons. La réponse fut brutale, laconique et concluante :

« Vous êtes prisonnier, vous n'avez qu'à obéir... Vous n'avez rien à
demander. »

La semaine suivante, le chef du poste remit à Bartay une affiche manus-
crite, avec l'ordre de la placer bien en vue dans le logement des captifs et de
s'assurer que tous en avaient pris connaissance.

« Vos hommes sont actifs et débrouillards », dit l'Allemand.

C'était un article du règlement ainsi conçu :

« Les prisonniers qui ne voudront pas travailler parce que ce genre de travail ne leur convient pas seront punis très rigoureusement. »

En cas d'insistance, l'évasion devenait impossible.

La vie des hommes, en dehors de l'installation relativement confortable et
de la nourriture jusqu'à présent meilleure, s'organisait dans des conditions
plus dures qu'à Friedrichsfeld.

Au lieu du lever à 7 heures, le réveil était fixé à 5 h. 1/2. A 6 h. 15, la des—
cente et le café, le départ au travail, puis le retour au cantonnement à midi.

Une heure seule était octroyée pour le repas et les deux courses, ce qui
réduisait à vingt minutes exactement le temps que les prisonniers pouvaient
consacrer à leur réfection ; aussi les mets chauds étaient-ils servis avec une
promptitude extraordinaire.

A 7 heures seulement on quittait la carrière pour dîner à 7 heures et demie,
et rentrer dans les chambres à 8 heures.

La plupart des soldats étaient harassés. Par n'importe quel temps il fallait
partir et travailler.

Deux jours seulement la corvée fut interrompue, l'un par une tempête de
neige qui balayait tout sur son passage, l'autre par une pluie diluvienne.

Bartay et Toussaint souffraient du froid cinglant plus encore pour leurs
hommes que pour eux-mêmes.

Une douloureuse pitié remplissait l'âme de Pierre lorsqu'il voyait ces
pauvres gens mal vêtus, mal chaussés et de moins en moins nourris, supporter
une existence si rigoureuse.

Un bol de riz avait remplacé le café du matin qui les soutenait davantage.

Les sept cents grammes de pain, tant vantés, avaient été réduits à cinq cents.
Les règlements de rationnement de la population à deux cent cinquante
grammes furent appliqués finalement aux prisonniers, et ce pain n'était plus
qu'un amalgame de farine de lin, de fécule, de son, de grains à demi broyés,
insupportable à l'estomac.

« Tant mieux si on nous supprime la moitié de la ration, déclara philoso-
phiquement Toussaint. Ce sera moins de mal à l'actif de nos intestins ! Si au
moins ces saucisses n'étaient pas devenues exécrables !... Toi, cela t'est bien
égal, bonnes ou mauvaises, tu les détestes également.

— Crois-tu, repartit Pierre, que je sois assez férocement égoïste pour rester
indifférent aux privations des autres lorsqu'elles ne me touchent pas ?

— Je n'en doute pas, mon ami. En réalité, nous courons tous à grandes
enjambées sur le chemin de la famine.

— Et cependant nous ne pouvons exhorter nos hommes à augmenter leurs
gains par un labeur plus intense, puisque c'est contre nous-mêmes que se
tourne le fruit de leur travail.

— J'ai fait un calcul précis avec plusieurs des nôtres, reprit Toussaint : le
mark que nous touchons tombe régulièrement dans notre escarcelle..., toujours
vide, grâce aux dépenses de savon, sucre, margarine et limonade.

« Sur la base de dix pfennigs par wagonnet rempli de deux mille cinq cents
kilos de pierre, pour le prisonnier qui en remplit trois au moins, et de vingt

pfennigs par wagonnet si le nombre est égal ou supérieur à quatre, nous avons établi que le samedi soir un homme touche, au minimum, un mark et demi et, au maximum, dix marks en remplissant dix wagonnets par jour; ce chiffre a été atteint par Lebigre et par Martin la semaine dernière.

— C'est à peu près ce que je supposais; la moyenne s'établit entre trois et cinq marks, n'est-ce pas?

— Absolument.

— Oh! s'il n'y avait pas, à l'extrémité des rails sur lesquels ces pierres sont charriées, ces usines maudites d'Essen, ce serait un peu de soulagement à côté de beaucoup de misère. »

Chaque fois que la pensée d'Essen revenait à l'esprit de Pierre, elle le frappait comme un coup de marteau; elle accélérait le travail cérébral par lequel il combinait la fuite, si périlleuse dût-elle être !

. . . .

Un matin, Bartay avait été appelé dans l'un des bureaux afin de recevoir des instructions au sujet du travail, instructions qu'il écoutait figé dans l'attitude de raideur qu'il avait adoptée, « telle une momie dans sa boîte, » prétendait Toussaint; il entendit, en revenant vers la sortie, des exclamations furieuses.

Des coups résonnaient violents. Pierre hâta le pas.

Une brute allemande, portant les galons de sous-officier, le revolver au côté, grand, fort, avec des poings de fer, frappait à coups redoublés un prisonnier français, chétif, hâve, aux joues creusées par l'excès de travail et le manque d'aliments.

Bartay, frémissant, allait se jeter sur le Boche en lui criant sa lâcheté à la face.

Il se retint... La pensée rapide qu'il allait aggraver le cas du malheureux le cloua sur place, mais il ne pouvait rester témoin muet de cette scène. Il s'imposa le sang-froid et fit quelques pas qui le placèrent à côté du prisonnier.

« Qu'y a-t-il? »

Le Teuton lâcha sa proie, cédant instinctivement devant cette immixtion dont, malgré lui, il reconnaissait la justesse.

« A prétexté indisposition pour ne pas aller travailler.

— Vous êtes malade, Nollot? interrogea Pierre en posant la main, dans un geste protecteur, sur le bras du prisonnier.

— Oui, sergent.

— Pas malade, j'affirme; paresseux! insoumis!

— Admettons qu'il n'ait pas été malade avant, il l'est à présent... Voici la première fois qu'un tel acte se produit ici. Jusqu'alors tous nos hommes malades ou seulement indisposés ont été reconnus tels, dispensés de travail et convenablement soignés. Et c'est vous, le plus fort de tous les gardiens, qui frappez le plus faible d'entre nous?

— Paresse, vous dis-je.

— Depuis quand les médecins allemands sont-ils moins capables qu'un sous-officier de juger si un homme est bien portant ou non ? »

L'argument était sans réplique et troubla singulièrement le bourreau, qui s'écarta de sa victime comme s'il eût redouté que l'autorité supérieure le prît sur le fait.

« Il faut en référer au docteur, prononça Bartay d'un ton d'apaisement.

— Non, non ! »

Le feldwebel redoutait l'interrogatoire qu'il lui faudrait subir. Aussi bien que Bartay, il savait que les mauvais traitements étaient interdits dans l'établissement et que son cas était sans précédent. Pierre vit tout de suite le parti qu'il pouvait tirer de la situation.

« Vous convenez vous-même, n'est-ce pas, que *mon* soldat ne peut se rendre à la carrière dans l'état où il est. Le mieux que vous ayez à faire est de le laisser remonter dans sa chambre, il se couchera. Je vais suivre la colonne, et, à mon retour, j'irai voir s'il est assez remis pour prendre son repas. »

La proposition fut acceptée. Le Boche tourna les talons et disparut.

« Je n'ai pas le temps de vous parler, Nollot, dit Pierre, il faut que je rejoigne les hommes pour éviter une tuile qui retomberait sur tout le monde. Les factionnaires du couloir, ce matin, ne sont pas de mauvais diables; vous n'avez rien à craindre d'eux. Vous irez d'abord voir le sergent Toussaint; ne lui en contez pas trop long; qu'il attende les explications que je lui donnerai. »

Être obligé de ménager un être pareil ! un misérable lâche !

Cette phrase harcelait, avec une ténacité fébrile, le cerveau de Pierre, tandis qu'il arpentait la route qui menait du casernement aux carrières, d'un pas martelé par la rage. « Ne pouvoir arracher un Français aux mains d'un Allemand ! O mon Dieu ! combien de temps durera ce supplice ! Surveiller ce travail qui alimente la mortelle industrie des Krupp ! Je ne sais ce que ma pauvre mère et Annette pensent en lisant les dernières lettres que je leur ai écrites, aussi courtes, aussi banales que les cartes postales ! Lorsque je prends la plume, j'éprouve une tentation violente de la briser entre mes doigts. Il y a des cas où l'on préfère le silence ou le laconisme. En être réduit à leur cacher tout ce dont on leur parlait jadis ! »

XXXI

Aucun incident ne s'était produit depuis la brutale agression du feldwebel contre le malheureux Nollot.

Affaibli plutôt que malade, celui-ci s'était remis après trois jours de repos ; mais son pauvre visage hâve conservait la trace du terrible instant pendant lequel il avait subi les infâmes violences du Teuton.

Il restait sombre ; dans son âme très simple couvait la haine ardente contre l'oppresseur.

« Oh ! si je pouvais le tenir à mon tour, ce Boche maudit !

— Notre tour viendra, patience ! répétait Pierre. Les Allemands seront au ban de l'Europe, et chaque nation fera payer à la Prusse (car il n'y aura plus d'Allemagne) tous les crimes, tous les massacres, toutes les lâchetés de son peuple.

— Si j'étais sur le point de mourir, sergent, l'idée de voir cela me ferait vivre des jours et des semaines de plus ! »

Les gardiens n'avaient fait aucune objection à ce que le prisonnier fût exempt de corvée pendant une partie de la semaine, et laissaient ses camarades lui apporter ses repas dans la chambrée.

Bartay conclut que les autorités savaient tout et préféraient étouffer l'affaire. Cette supposition fut confirmée par le grand nombre de malades que les médecins reconnurent d'emblée.

« La vie est trop dure, ici, déclarait Toussaint. Nos hommes tombent comme des mouches, et cependant tous avaient passé avant de venir à la visite médicale. J'y ai assisté, elle m'avait paru consciencieuse.

— Le régime de Friedrichsfeld était si épuisant ! Ils sont arrivés ici dans de mauvaises conditions pour accomplir d'aussi rudes travaux ; et voilà que

12

l'on recommence à subir un demi-jeûne, alors que nos pauvres hommes
auraient besoin de cordiaux et de fortifiants.

« Ce matin, cinq envois à l'hôpital d'Elberfeld et trois à celui de Wulfrath ! »

— Oui, et Antoine Gayet y a été transporté hier. Un brave et bon garçon
qui me rendait quelques petits services, et que j'aidais de mon mieux lorsque
je recevais des subsides.

— Je le connais bien ; il était parmi ceux qui ont exprimé le regret de ne
pouvoir suivre aucun office le dimanche.

— Il a des sentiments religieux ; la guerre les a développés encore.

— Tu le connais depuis longtemps, je crois ?

— Depuis toujours, ou à peu près. Je le voyais chaque été à la campagne,
durant mes vacances. Il habitait avec sa mère une chaumière pittoresque, vraie
chaumière normande, avec un jardinet entouré de singulières palissades
empruntées à tous les vieux meubles ou tiges de bois qui tombaient dans les
mains industrieuses d'Antoine. Mes parents s'intéressaient à lui. Nous nous étions
perdus de vue n'étant encore qu'adolescents ; la nomination de mon père au
grade supérieur nous a entraînés au loin. J'ai revu Gayet avec une véritable joie.
C'était toute mon enfance qui se dressait devant moi, et cette joie a été partagée.

— Crois-tu qu'il soit gravement atteint ?

— Je n'ai pu causer aujourd'hui avec celui des médecins qui parle couramment le français ; mon allemand est trop informe pour que nous ayons pu, le
docteur et moi, échanger autre chose que des idées générales en termes très concis.

— Mais lui-même, que pense-t-il de son état ?

— Il ne se plaint pas, et, en réalité, ne manque d'aucuns soins. Si les
Boches montraient un peu de sollicitude pour les valides et les traitaient plus
humainement, leurs hôpitaux seraient moins remplis !

— J'irai le voir demain, aujourd'hui je n'obtiendrais pas l'autorisation. »

Lorsque Bartay se rendit à l'hôpital, escorté d'un gardien, le pauvre Gayet
venait de rendre le dernier soupir.

Il reposait sur son lit, le visage tranquille, les traits détendus, avec toutes
les apparences de la vie et de la santé que redonne si souvent aux visages tourmentés par l'agonie l'entrée dans le suprême repos. On avait laissé entre ses
mains réunies sur sa poitrine le chapelet qu'il récitait en mourant. Hélas ! nul
prêtre ne l'avait assisté !

« Nous l'avons bien soigné, je vous assure, » déclara le docteur auquel
Toussaint n'avait pu parler la veille.

Un des autres malades, couché dans un lit voisin, fit, en regardant le sous-
officier, un signe acquiesçant.

« De quelle maladie est-il mort, monsieur le major ? » interrogea Pierre.

Le médecin rougit un peu.

« D'épuisement, prononça-t-il avec un léger effort pour se montrer sincère.

— Ah !... »

Et Bartay baissa la voix pour n'être pas entendu des prisonniers :

« Tous les nôtres vont y passer !

— Non, rassurez-vous, sergent ; tous ne m'ont pas été envoyés aussi tard, que celui-ci. Puis il s'était mêlé à sa faiblesse une attaque de grippe malfaisante.

— Comment résister à de pareilles intempéries ?

— Croyez-vous que vos soldats et les nôtres soient plus garantis sur le front ?

— Oh ! c'est si différent !

— Je vous devine ! Ni vous ni moi ne referons les lois de la guerre.

— Elles sont appliquées avec plus ou moins de rigueur, suivant le caractère des peuples.

— Je vous laisse dire. Personnellement vos malades n'ont rien à me reprocher. Je ne juge pas mon pays, je le sers. Je n'ai jamais fait de différence entre les nôtres et les vôtres.

— C'est très bien ; au nom des *nôtres,* je vous remercie.

— Je sais que l'on est très humain pour les ennemis dans vos ambulances, et je ne veux pas que le renom de l'Allemagne soit inférieur à celui de la France. »

La morgue germanique perçait sous l'altruisme.

Les deux hommes sentirent que l'entretien devait en rester là.

« Je vous rendrai tous vos autres malades en bon état, conclut le major ; croyez que je déplore d'avoir échoué dans mes tentatives pour sauver celui-ci. »

. . . .

Que se passerait-il ensuite pour les funérailles ? Pierre aurait voulu le savoir, mais le docteur s'était rendu dans une autre salle.

Un infirmier, questionné en allemand, répondit qu'il l'ignorait.

Après avoir fait une prière auprès du soldat mort en captivité, sans secours religieux et cependant en plein acte de piété, Bartay alla serrer la main de ses camarades et se retira, le cœur serré.

Le jour suivant une étrange surprise l'attendait.

Une délégation de prisonniers venait d'être désignée pour assister aux obsèques du soldat français Gayet ; Bartay fut désigné pour la conduire.

Sur sa demande, Toussaint reçut l'autorisation de se joindre à lui : il serait remplacé dans le service par le plus ancien caporal.

Les deux sous-officiers s'entretenaient à voix basse en attendant le signal du départ.

« Cette rencontre entre Gayet et moi, dit Toussaint, m'a prouvé combien est aisé le rapprochement, la fraternité des classes sociales. Mes parents n'ont

jamais supporté chez moi aucune morgue. Ils veillaient sur nos rapports avec
les enfants du village. Gayet était irréprochable, et nous le fréquentions ami-
calement; c'était un de ces petits êtres pétris par une longue génération de
braves gens qui ont l'instinct de ce que tant d'autres acquièrent par l'éducation;
aujourd'hui j'ai la consolation d'avoir été pour ce pauvre garçon un soutien. Il
a encore sa mère. J'écrirai à la malheureuse femme; je ferai tout pour adoucir
le coup terrible qu'elle va recevoir. Si au moins ces obsèques, hélas! privées
de toute cérémonie religieuse, pouvaient avoir un caractère décent! »

Lorsque la délégation arriva à l'hôpital, un officier la reçut avec convenance.

« Nous rendrons les honneurs à votre compatriote, dit-il à Bartay. Quoique
simple sous-officier, vous représenterez ici l'autorité militaire. La mort prime
la captivité; dirigez la cérémonie suivant les usages en cours chez vous. »

Ce fut entre deux files de prisonniers français que Gayet fut mené au cime-
tière et traversa la ville de Wulfrath.

Bartay et Toussaint marchaient derrière le cercueil.

Des officiers, des soldats allemands et un grand nombre de civils suivaient,
et le cortège avançait au milieu du recueillement général.

Devant la fosse, tandis que les premières pelletées de terre étaient jetées
par les prisonniers, dont les lèvres murmuraient un adieu ou une prière, un
groupe de femmes pleuraient.

Toussaint, la tête baissée, absorbé dans la vision du passé, revoyant au-
dessus de cette tombe la douce figure animée du petit paysan d'autrefois, ne
les remarqua pas.

Pourquoi pleurent-elles ainsi? se demanda Pierre. Éprouvent-elles, ces
Allemandes, une compassion vraie pour nos souffrances? Sentent-elles leur
horreur, ou sont-elles en proie à la sensibilité de surface qui voile leur écorce
teutonne? Ou bien pleurent-elles sur les leurs? S'imaginent-elles qu'ils sont
traités par les Français comme les Français sont traités en Allemagne? Ou
encore se disent-elles qu'ils seront inhumés dans la tranchée hâtive creusée sur
le champ de bataille par les uns ou par les autres, sans que jamais elles
puissent savoir où ils reposent?

XXXII

Si l'existence des prisonniers dans le casernement équivalait à la captivité totale, il n'en était pas de même dans les carrières. Pendant les heures de travail, Bartay pouvait se tenir au courant de la situation générale de l'Allemagne.

Les condamnés de droit commun, joints aux Français, ne suffisaient pas à l'exploitation; on gardait, avec augmentation de salaire, les ouvriers appartenant aux pays neutres; en fait de nationaux, la société avait pu maintenir seulement quelques surveillants âgés et des enfants de quinze ans.

Presque sans exception, les soldats commis à la garde des captifs étaient bossus, borgnes ou boiteux; il y en avait de trop vieux et de trop jeunes pour être envoyés sur le front.

Le déchet de l'Allemagne était déjà militarisé. En évitant le regard des sentinelles, sous prétexte du travail en commun, Pierre eut la facilité de se renseigner auprès de différents ouvriers, par un adroit aiguillage des conversations.

Les Hollandais, Luxembourgeois, Suisses et Italiens qui parlaient français ne demandaient, d'ailleurs, qu'à se rapprocher des prisonniers, et à leur confier les plaintes qu'ils n'osaient faire entendre trop ouvertement.

Plusieurs parmi les leurs étaient retournés au pays, lorsque la ration de pain, et quel pain! avait été ramenée à deux cent cinquante grammes, et que le bruit avait couru, non sans cause, que les pommes de terre allaient devenir rares, et que l'orge enlevée aux brasseurs servirait de nourriture courante.

Un Italien prêtait mystérieusement à Pierre le *Corriere della Sera* et *Il Gazzettino,* que celui-ci était parvenu à lire à peu près couramment.

« Signor sergent, la femme m'a averti ce matin que les bambini allaient marcher nu-pieds, par une telle saison! Le prix des chaussures a doublé, et, grâce à Dieu, le nombre des petits pieds ne diminue pas ! Combien payez-vous les effets de vos soldats ?

— Ils nous sont fournis par le gouvernement allemand, et de fort mauvaise qualité. Linge, souliers, vêtements, tout est promptement usé. Il est vrai que les Boches se donnent l'apparence de combler les prisonniers en renouvelant souvent les distributions.

— L'or s'en va ; ils sont très gênés. Vous les battrez. Que ce soit le plus tôt possible !

— Vous ne songez pas à retourner en Italie ?

— La famille, le voyage cher ; d'autres, beaucoup d'autres, sont partis. On nous fera des difficultés ; et l'argent, où le prendre ? Ici nous vivons mal, mais nous vivons. Si nous ne pouvions continuer notre route, que faire ? Je le regrette, *Italia bella mia !* Affreux ciel gris, froid qui coupe les mains, la figure : mal logés, tout détestable, et manquer maintenant de denrées. Vous avez faim ?

— Pas actuellement. Les colis de France m'arrivent régulièrement ; ma mère et ma sœur semblent deviner tous les désirs que je ne leur exprime pas.

— Heureux, vous ! Tant d'autres !...

— Ceux qui reçoivent partagent avec ceux qui ne reçoivent rien.

— Oh ! misère ! misère ! »

Et le vieil homme s'étirait les doigts avec rage.

En se rendant du casernement aux carrières, Bartay faisait chaque jour une remarque nouvelle, surtout pendant la traversée du long hameau de Wulfrath.

On ne voyait presque plus d'hommes nulle part ; les femmes et les enfants en grand nombre s'occupaient dans les champs, s'employant, selon leurs forces, aux travaux agricoles d'hiver.

Chaque bout de terrain était utilisé. Plus de jachères nulle part, les talus même du chemin étaient défrichés, plantés de petites salades ; tout indiquait les nécessités pressantes de l'heure. Il fallait obvier à l'importation manquante. Le blocus produisait ses résultats.

Ces menus faits fournissaient matière à réflexions. D'ailleurs, par l'intermédiaire des Italiens, les prisonniers étaient plus renseignés qu'à Friedrichsfeld, où des coupures de journaux français leur parvenaient irrégulièrement par voie clandestine, et où, en revanche, on leur facilitait la lecture des journaux allemands, dont ils ne croyaient guère les communiqués et les articles tendancieux.

Une autre source d'information émanait du personnel féminin qui servait les repas des prisonniers.

Depuis qu'il était à Wulfrath, Pierre, au moyen de ses conversations avec les uns et les autres, avait fait de sensibles progrès en allemand.

« Est-ce que vous mangez le même pain que nous? demanda-t-il un jour à la femme chargée de la petite table des sous-officiers..

— Certainement, herr sergent. Il n'y en a pas d'autre !

— Nous croyions qu'il nous était réservé! Et au village, en est-il de même?

— Pire ! A vous et à nous, on l'apporte. Les habitants de Wulfrath reçoivent une carte qui leur permet de toucher, à la boulangerie, un pain de trois livres pour six jours, et il ne faut pas perdre cette carte. A celui ou plutôt à celle (nous ne comptons plus d'hommes pour ainsi dire!) qui se présente les mains vides, défense de rien donner!

— Les femmes et les enfants que nous rencontrons en allant et venant n'ont pas l'air misérable, fit observer Toussaint : ils sont chaussés et vêtus convenablement.

— Les maris et les pères sont mobilisés, on donne des secours. Les gens de Wulfrath n'en sont pas mieux nourris. Plus c'est mauvais, plus on paye cher... C'est triste.

— Vous êtes nourrie ici? demanda Pierre.

— Bien sûr! seulement j'aide ma sœur et ses enfants en lui donnant une partie de mes gages, que j'économisais autrefois pour me marier à mon tour. »

C'était l'occasion de connaître l'opinion des Allemandes de cette classe sur la guerre. Bartay ne la laissa pas échapper :

« Vous vous marierez après la campagne, cela sera préférable pour vous. Qui sait, peut-être seriez-vous veuve aujourd'hui?

— Peut-être! Il y en a déjà plus de cinq cents pas loin d'ici, dans une ville de trente mille habitants, et ce n'est pas fini! Il meurt beaucoup des nôtres. Tenez, pendant que je suis là à vous servir, vos canons tirent sur nos soldats !

— Vos canons tirent aussi sur nos soldats! Il est vrai qu'ils nous en tuent moins. Vous ne portez aucun deuil?

— Plusieurs sont restés en Russie, parmi mes oncles et mes cousins. Le dimanche, je m'habille en noir. J'espère ne pas avoir à porter le deuil de mon fiancé. »

Et, poussant un gros soupir, elle ajouta naïvement :

« J'aurais certes un grand chagrin, et j'en retrouverais difficilement un autre. Il ne reviendra pas assez d'hommes pour toutes les jeunes filles, car il y aura aussi des femmes qui se remarieront. Peut-être ne comptera-t-on plus qu'un homme en face de deux femmes. Et alors... les plus jolies et les plus riches seules auront des époux. »

Lorsqu'elle fut sortie, Toussaint, qui réfléchissait, releva la tête.

« Sais-tu, dit-il, que les propos de cette servante n'expliquent guère le bruit qui se fait ici pour les succès allemand?

« Les cloches en branle, les grands drapeaux flottant aux édifices publics, les petits drapeaux aux fenêtres des maisons particulières, et un masque de joie triomphante plaqué sur les visages boches et les rendant encore plus odieux !

« On exagère, on bluffe, on trompe toute cette population bernée par son kaiser. On lui fait croire à la fin de la guerre, c'est-à-dire au dernier jour de sa détresse, par de pseudo-victoires qui éclatent comme des fusées sans plus de résultat.

« Nous tiendrons bon en Flandre, en Champagne, en Argonne. Nous ne lâcherons pas un pouce de terrain en Alsace et en Lorraine ; nos amis russes ont pour eux l'immensité de leurs réserves. Le calme dans l'insuccès, l'esprit de suite dans la victoire : l'Allemagne n'en viendra jamais à bout par les armes ! »

XXXIII

« Eh bien, signor sergent, j'ai quelque chose à vous conter, déclara l'Italien Bertino en se faufilant auprès de Bartay lorsque la surveillance de ses hommes l'eut amené de son côté.

— Quoi donc?

— Un petit voyage que j'ai fait à Elberfeld et qui m'a privé du plaisir de vous voir hier! J'ai assisté à une scène qui n'était pas gaie, mais qui signifie quelque chose de bon. Je suis arrivé sans me douter de rien jusqu'à la place principale, et, devant la mairie, qu'aperçois-je? Des femmes, des femmes, des centaines de femmes massées, remuant comme des méridionales, ayant perdu tout le calme des Teutonnes. De gros bras, de larges mains en l'air, des têtes qui tournent. Pas de bruit, puis, tout à coup, des cris détonant comme une volée de mitraille :

« — La paix ou du pain! Du pain! du pain! La paix, la paix! »

« Chacune hurlant à son idée. Les autorités ne se hâtaient pas de se montrer. On aimait mieux faire disperser la bande. La bande tenait ferme, je vous en réponds. »

A ce moment, le directeur de l'exploitation s'était approché. Il cherchait toutes les occasions de « parler français », suivant son expression, et affirma :

« Quand le printemps venir, la guerre finie!... »

Bartay s'était retourné vivement, une interrogation suspendue aux lèvres.

Après tout, le printemps n'était pas loin. S'était-il passé quelque événement d'une importance exceptionnelle? Depuis plusieurs jours, le courrier des Italiens, seule source de renseignements précis, ne leur était pas parvenu.

Mais non, rien de nouveau! L'Allemand ne répond à la muette question de l'expressive physionomie par aucun effarant bulletin de victoire; il se contente de prononcer avec une application d'écolier :

« Ah ! oui, très vilain la guerre, très vilain ! »

Puis il s'éloigna, satisfait d'avoir exprimé sa pensée intime sans qu'aucun désagrément lui en puisse arriver.

. . . .

« Herr sergent ! »

Pierre, qui se dirigeait vers une autre partie des carrières, où un groupe de prisonniers français travaillaient avec des ouvriers belges, s'arrêta en entendant la voix rauque, un peu éraillée, qui l'interpellait.

C'était celle d'un vieux Teuton qui avait à peine la force de soulever le pic et la pioche, et les faisait retomber sans grand profit pour la société qui l'employait.

Plusieurs fois déjà il avait lié conversation avec Bartay, auquel il n'inspirait pas la même antipathie que ses compatriotes, et qui, ne craignant pas de commettre des fautes de langage devant lui, s'enhardissait à prononcer des phrases entières et à demander par geste les noms en désignant les objets qu'il ignorait.

Le vieux se prêtait à cette mimique et, la comprenant, avait aidé aux progrès réalisés par le sous-officier ; d'ailleurs il ne semblait pas possédé d'une admiration excessive pour la personne et le gouvernement du kaiser. Il pouvait user, avec le Français, d'une liberté d'opinion qu'il n'eût osé montrer devant ses compatriotes, bien que nombre d'entre eux, Pierre et Toussaint l'avaient constaté, fussent persuadés, comme lui, que la guerre ne pouvait durer longtemps.

« Eh bien ! cela ne va pas, aujourd'hui ? fit observer Bartay, en considérant l'attitude lassée du vieillard, qui s'appuyait sur sa pioche renversée comme sur une canne.

— Non, herr sergent, cela ne va pas ; cela ne va pas du tout !

— Vous auriez besoin de repos.

— Et qui est-ce qui travaillera pour me nourrir ? Si on peut appeler se nourrir manger la pâtée noire qui encombre un estomac usé ! J'aurais dû mourir avant cette guerre. »

Il hésita pendant un instant, et reprit :

« Cette guerre maudite...

— Vous n'êtes probablement pas le seul parmi les gens de votre âge à penser ainsi.

— Oh ! qu'elle finisse vite, herr sergent. Qu'elle se termine n'importe comment, mais tout de suite. On en a assez !

— Vous souffrez moins que tant d'autres !

— Vous croyez ? Les jeunes verront de meilleurs jours.

— Qui sait ?... » murmura Pierre.

Le vieux Boche avait l'oreille fine, et bien qu'il sût à peine quelques mots
de français recueillis çà et là depuis l'arrivée des prisonniers de guerre, il
comprit...

« Qu'est-ce que vous voulez dire, herr sergent? »

Parlant à lui-même plutôt qu'au vieillard qu'il ne songeait pas à froisser,
Pierre reprit :

Un gardien de la prison se tenait à côté de cet être.

« Les alliés ne mettront bas les armes que lorsque l'Allemagne sera
écrasée.

— Écrasée? l'Allemagne? c'est impossible! Une idée de « tête de Français »,
répétée par les Anglais et les Russes!... Ah! vous ne pardonnez pas Sedan,
vous n'oubliez pas Strasbourg!

— Nous ne devons ni « pardonner » Sedan ni « oublier » Strasbourg!

— Vous savez bien que je n'y étais pas! Je n'ai pas porté les armes contre
la France, je suis resté dans le pays, j'ai gardé des prisonniers et je ne les ai
pas tourmentés, je vous le jure!

— Je n'en doute pas.

— J'étais plus ennuyé qu'eux. Je quittais ma maison, ma femme et mes enfants.

— Exactement ce que disent nos gardiens d'aujourd'hui. Nous ne les plaignons pas plus que ne vous plaignaient les prisonniers de 1870.

— Herr sergent, l'Allemagne ne peut pas être écrasée ; elle a trop de force, de vigueur, d'organisation.

— La vigueur décroît chez les peuples comme chez les hommes, et les ressorts de l'organisation céderont sous les efforts réunis des alliés. Voyez l'Autriche, l'Allemagne est déjà obligée de la soutenir et de la défendre. »

Le vieillard gardait le silence.

« Je ne suppose pas que nous réussissions à vaincre, dit-il ; mais chacun renoncera à ses conquêtes, à ses ambitions, pour conclure la paix et sauver la vie de tant d'hommes. Nos pertes sont immenses, les vôtres le sont davantage.

— Je suis persuadé du contraire, » reprit vivement le sous-officier.

Il allait ajouter, imprudemment : « J'ai lu les statistiques dans *Il Gazzettino*, » il garda le silence ; c'eût été dénoncer ses amis italiens.

« Herr sergent, ne discutons pas ; il y a trop d'hommes tués, beaucoup trop ! Un seul serait déjà trop. »

Bartay gardait le silence.

Beaucoup trop d'hommes tués. N'avait-il pas souvent envié le sort de ceux qui étaient tombés sur le champ de bataille, auréolés par le martyre ? Il avait cependant accepté la volonté de Dieu, soutenu par la pensée que sa mère et sa sœur auraient la joie de le revoir et qu'il y aurait, au retour, un Français de plus sur le sol natal !

Ces hécatombes d'hommes qui peut-être, si la guerre continuait et s'étendait, se chiffreraient par millions, allaient dépouiller la terre !

Un souffle destructeur passait sur le monde, et il frémit en songeant que tant de captifs étaient au pouvoir de celui qui l'avait suscité, propagé, et qui osait se proclamer l'élu de Dieu, du Dieu de justice et de sainteté, qu'il prétendait servir par son orgueil infernal.

« Satan fut moins coupable, songeait Pierre, car il se révolta sans chercher à couvrir son crime d'une adoration. »

Et à considérer le vieillard, courbé par la pauvreté inexorable sur un travail dépassant de ses forces, il se prenait à haïr ce miséreux parce qu'il était le sujet de l'homme exécré.

A ce moment, les yeux du vieil Allemand s'étaient détournés et fixés sur l'immense silhouette d'un condamné de droit commun, qui luttait contre un bloc devant lequel plusieurs carriers s'étaient retirés, impuissants.

Un gardien de la prison se tenait à côté de cet être, tiraillé, disloqué par l'effort gigantesque qu'il donnait. Ses bras alternativement allongés et repliés, son souffle haletant, ses mains crispées, son visage contracté, le rendaient étrangement semblable au mauvais génie des mythes germaniques.

Les doigts du vieux Boche saisirent la manche de la capote française :

« Voyez comme on le traite ! dit-il à voix basse.

— Qui donc ? »

Et l'organe sourd, presque indistinct, murmura cet aveu :

« Mon fils ! »

XXXIV

Maintenant l'œuvre réputée impossible était accomplie. Les pierres gisaient de tous côtés, prêtes à être chargées sur les wagonnets ; le condamné était assis, affaissé plutôt dans un angle, en dehors du va-et-vient des ouvriers.

Tout son corps, à la fois vaste et maigre, tremblait ; ses dents s'entre-choquaient ; ses veines, gonflées, saillaient comme si elles eussent été prêtes à éclater. Il était saisissant, effrayant à voir, et néanmoins quelque chose de grand émanait de lui, par le prodige d'énergie qu'il venait d'accomplir et qui magnifiait sa détresse.

Le vieux avait obtenu l'autorisation de s'approcher, grâce à l'humble aveu de sa paternité.

Bartay était resté d'abord à la même place, considérant cette scène ; puis un désir lui était venu de voir de plus près le possesseur de cette force géante, de connaître l'énigme de cette existence qui privait d'un tel soldat l'armée allemande, où les hautes tailles font prime.

Il fit un signe au gardien de la prison. Celui-ci répondit affirmativement.

« Allez !... »

Le travail commandé avait été exécuté, sa consigne n'allait pas plus loin ; il demeurait indifférent au reste.

« Je n'ai jamais rencontré de ma vie un homme aussi robuste que vous ! » déclara Pierre, sans préambule, lorsqu'il eut rejoint le père et le fils.

Le géant releva la tête, et Bartay fut surpris de l'expression de ses yeux.

Ce n'était pas le regard vague, un peu brute, de l'être tout en force, et chez lequel la matière s'affirme aux dépens de l'intelligence.

Il y avait une pénétration singulière dans les prunelles fauves étincelant dans ce visage, qui ne présentait aucun des signes caractéristiques de la race et qui eût pu appartenir à n'importe quelle nationalité.

Chose bizarre, Pierre sentait une sorte de lame fouiller son cerveau; il lui paraissait que ce condamné de droit commun était un juge qui s'arrogeait le droit de sonder tous les replis de sa pensée. Enfin, des paroles lentes, scandées, sortirent des lèvres détendues :

« Vous êtes un soldat français. Je ne vous déteste pas. Et cependant, c'est à cause de vous que je suis ici ! Cela vous étonne? Nous nous voyons pour la première fois ! J'ai cru qu'un jour il n'y aurait plus ni Anglais, ni Français, ni Russes, mais seulement des hommes; je n'ai pas douté de la parole de Karl Marx : « Prolétaires de tous pays, unissez-vous ! » J'ai cru à l'union du prolétariat d'Allemagne avec les mécaniciens danois, les dockers anglais, les mineurs de France. Moi, que le kaiser eût remarqué dans sa garde si j'y avais servi, je criais dans les réunions : « Guerre à la guerre ! » et, pourtant, j'ai accompli mon service militaire sans résistance, comme mes camarades. »

Le langage du fils du vieux carrier étonnait singulièrement Pierre; il ne put le lui cacher.

Le condamné répondit simplement :

« A l'école j'étais un travailleur; on a poussé mon instruction plus loin que celle des autres, et quand je suis entré dans une fabrique de Munich, comme apprenti mécanicien, j'avais déjà beaucoup lu.

« Je ne manquais pas une réunion de la Socialdémocratie. Je croyais à tous les discours qui me séduisaient, et je ne me méfiais pas de ceux qui les prononçaient. Dans quel intérêt tromperait-on des gens qui ne possèdent que leur salaire?

« Un jour, un orateur réclama une manifestation générale contre le système de la paix armée. Nous fûmes plusieurs à pousser très haut le cri des pacifistes : il resta sans écho; les autres se déclarèrent fils de cette Allemagne qui ne désarme pas.

« Le kaiser parlait alors de « ses socialistes »; je compris quels étaient ceux qu'il désignait ainsi : les socialistes marchant au pas de parade.

« J'éprouvai une déception, un découragement total. J'eus envie de retourner à Wulfrath, de renoncer à mon état qui me passionnait, d'aller briser des pierres. Vous le voyez, c'était ma destinée !

« J'avais fait un rêve que je croyais beau, je me suis réveillé forçat...

« Je suis resté parce que je remettais tous les jours mon départ au lendemain et aussi parce que je me disais que, désormais, la guerre était impossible.

« Je fus aperçu par un contremaître de l'usine dans laquelle je travaillais, alors que je portais une églantine rouge à la boutonnière. La dénonciation se fit aussi boiteuse que la justice, aussi lente à paraître.

« Enfin, un jour on me signifia mon renvoi. J'étais inscrit sur la « liste noire » des fabricants et des usiniers. Je frappai en vain à toutes les portes. La rage me montait au cœur, la détresse me cinglait ; je n'avais plus d'argent pour rejoindre mon père, et je prévoyais que la lettre que je lui écrirais serait décachetée et lue. Je ne voulais pas donner cette joie aux gouvernants contre lesquels je m'élevais plus violemment chaque jour et attirer au vieillard une humiliation. »

Les yeux de Pierre demandaient la fin du récit.

« Non, herr sergent, je m'arrête là, je parle devant mon père. Ce que je viens de dire explique le reste. Vous supposerez ce que vous voudrez ; sauf qu'illogique envers moi-même, je m'en suis pris à la personne humaine, et pourtant je respecte la vie d'autrui ! Je suis revenu à Wulfrath aux frais de l'État, logé et nourri ! Je travaille sans salaire. J'aurais voulu être envoyé ailleurs, à cause du vieux, mais il n'a pas renié son fils. Il a repris son métier de carrier malgré son grand âge, afin de pouvoir me parler chaque jour. On le laisse faire...

— Et quelle impression les événements actuels produisent-ils sur vous ? »

Le condamné réfléchit pendant très longtemps, puis il prononça :

« Vous êtes Français et vous déplorez de ne plus pouvoir combattre pour votre pays ? Je suis Allemand, ma place serait dans l'armée allemande. Tous ceux qui pensaient comme moi ont tressailli à l'appel de la patrie. J'avais cru que l'on me ferait sortir de prison. Peut-être l'avenir me réservera-t-il la liberté d'aller batailler contre ceux avec lesquels je souhaitais vivre en paix.

— Peut-être ! »

Pierre songea que cet homme, sans doute, avait volé, et il réprima un geste de répulsion.

Voleur, sans nulle doute, mais conduit au vol par le chemin de l'erreur. Et le vieillard, cassé, écroulé près de son fils le condamné de droit commun, inspirait à Pierre une pitié profonde.

Le joug du kaiser honni avait pesé lourdement sur ces deux êtres, ses sujets.

XXXV

Rien n'était changé dans les décisions et les projets de Bartay. Il voulait rentrer en France, autant pour la servir que pour se soustraire à sa coopération indirecte et lointaine, réelle pourtant, à la fabrication des armes allemandes.

Nulle arrière-pensée personnelle ne dictait sa résolution au point de vue matériel ; grâce aux prévoyances de sa mère, il ne ressentait plus que la souffrance morale, mais combien elle était moins supportable que l'autre !

Pierre ne se dissimulait aucune des difficultés auxquelles il allait se heurter, et jusque-là rien ne les avait atténuées.

Le grand obstacle était l'éloignement de la frontière.

Du côté de l'ouest, la Hollande se trouvait à quatre-vingt-dix kilomètres ; du côté du nord, à cent vingt !

A l'ouest, le Rhin. Au septentrion, de petites rivières moins infranchissables, dont néanmoins la traversée augmentait les difficultés de la fuite. Puis, dans cette direction, il se heurterait aux immenses agglomérations d'Essen, dont il supposait les alentours fortement gardés.

La seule combinaison que l'on pût tenter était justement celle qui, *à priori*, paraissait la moins praticable : circuler en chemin de fer jusqu'à la plus petite distance possible de la frontière.

Cette détermination paradoxale était le fruit des remarques faites par le sergent durant le voyage de Friedrichsfeld à Wulfrath, au sujet de la grande liberté dont jouissaient les gens dans les gares, dans les trains, sur les quais.

La réalisation de ce plan présentait encore assez de complications pour faire reculer un homme déterminé. Les motifs de Pierre étaient puisés trop haut pour qu'il ne prît pas un parti décisif coûte que coûte.

13

Premièrement, il fallait échapper à la vigilance des gardiens; deuxièmement, dissimuler son identité. Son accent et son imparfaite connaissance de l'allemand étaient contre lui. Mais il comptait être servi par la chance qui sourit aux audacieux, ou, mieux encore, il mettait son espoir dans la Providence qui veille sur les siens.

Que de prières devaient monter vers Dieu, qui lui procureraient le secours espéré !

« Voici la température qui s'adoucit un peu, » dit-il un matin à un feld-webel avec lequel Toussaint et lui s'entretenaient quelquefois.

Le territorial recherchait la société des « kamarades français », comme il les appelait, et ceux-ci, dans l'intérêt de leurs hommes, et sans se laisser aller à une familiarité qui eût été en désaccord avec leur propre dignité, lui répondaient dans une mesure discrète.

« Vous verrez, la saison va devenir bonne et douce, sans valoir la Côte d'azur ! »

Ce mot, « la Côte d'azur, » était souvent employé par l'Allemand dans un sens si extensif qu'il semblait croire que la Côte d'azur s'étendait sur tout le littoral de la France.

Cette petite manie, qui provenait d'un snobisme naïf, pouvait donner à penser que ce simple boutiquier saxon, qui avait endossé l'uniforme, avait de belles relations; mais elle prouvait aussi aux pseudo « kamarades » que celui-là au moins n'avait pas été faire figure d'espion au delà des frontières.

Pierre continua avec intention :

« Je vais me faire couper la barbe. Je l'avais laissée pousser pendant les grands froids, comme préservatif ; elle me gêne. »

Sans méfiance, son interlocuteur remarqua :

« Vous serez mieux ainsi. Ce poil doit vous faire paraître plus vieux que vous n'êtes. Nous sommes presque tous rasés, en Allemagne. »

C'était justement ce que Bartay avait observé. Il pourrait de la sorte se confondre dans la foule, et, en attendant l'heure du départ, ce changement dans sa physionomie n'exciterait aucun soupçon dans son entourage immédiat.

Toutes ces menues préparations l'occupaient et, jointes aux envois et aux cartes de France, abrégeaient le temps.

Avec de grandes précautions, il avait sondé les prisonniers qui lui semblaient les plus aptes à partager sa périlleuse entreprise. Toussaint avait opposé une dénégation ferme ; il estimait la chose irréalisable. Aggraver son cas serait tout le résultat obtenu et retarderait le moment où il reverrait la France et les siens; d'ailleurs le départ simultané des deux gradés serait plus vite découvert et diminuerait les chances de Pierre, qui avait eu la priorité de l'idée.

Les autres avaient secoué la tête, faisant tous à peu près la même réponse :
« C'est votre inspiration, sergent, ce n'est pas la nôtre ! »

Bartay poursuivait en effet ses combinaisons en espaçant ses arrangements,
afin de les mieux dissimuler.

Son garance, fortement endommagé, avait été remplacé par un pantalon de
couleur neutre, qui convenait fort bien à un habillement civil.

Un jour, il était entré en conversation avec un des Hollandais employés dans

La même scène se renouvela le surlendemain.

la carrière, qui avait déposé avec soin un veston usagé, mais fort propre, dans
un coin bien abrité. La bourse de Bartay avait été remplie la veille, celle du
Hollandais était vide.

« J'aimerais à posséder un vêtement comme celui-ci, déclara Pierre ; vos
étoffes n'ont pas leurs pareilles !

— Qu'en feriez-vous ? demanda le Néerlandais. Ils ne vous le laisseront pas
le porter ! »

Tous deux s'exprimaient dans un allemand de même acabit.

« Je m'en servirai après la guerre.

— Servez-vous-en bientôt ! Nous en avons assez de *votre* guerre.

— Dites *leur* guerre.

— Les Allemands déclarent : les Français ont commencé, pour reprendre l'Alsace, les Anglais les ont poussés pour gagner de l'argent, et les Russes se battent pour conquérir l'Asie.

— Ne les écoutez pas. Les Boches ont entrepris la guerre pour asservir l'Europe, et vos compatriotes feront bien d'ouvrir l'œil s'ils ne veulent pas que leur côte maritime serve à allonger celle de l'Allemagne !

— Vrai ?

— Absolument vrai. Voulez-vous me vendre votre veston ? Je le ferai voir à mes compatriotes, et, à la paix, nous nous habillerons tous en Hollande. »

Flegmatique, le Néerlandais tira sa bourse, l'ouvrit : elle ne contenait pas une pièce de monnaie.

« Je comprends : c'est votre réponse. Fixez un prix.

— Ce que vous pourrez ; je ne veux pas gagner sur les prisonniers. »

Le troc fut fait immédiatement, sans que l'ouvrier se doutât qu'il était complice d'une évasion.

La même scène se renouvela le surlendemain, à peu près dans les mêmes termes, avec un contremaître suisse, assez bien vêtu, propriétaire d'un chapeau de forme très commune, très répandue, également désireux d'augmenter son pécule.

D'autres acquisitions avaient été faites à Friedrichsfeld, où, par des prodiges d'industrie, d'adresse, et l'aide de quelques intéressés, les prisonniers vendaient ou achetaient quantité d'objets prohibés. Pierre avait encore la lampe électrique qui avait éclairé les malheureux débuts de l'évasion manquée, une carte portant les emplacements et les noms des principaux villages et une boussole ; enfin il venait de s'emparer d'un indicateur qu'un soldat allemand avait laissé traîner dans un coin.

Tout ce butin fut soigneusement dissimulé, enveloppé de vêtements et de linge qui ne pouvaient attirer l'attention soupçonneuse d'aucun surveillant, car il fallait compter sur les perquisitions inopinées des feldwebels ou les fouilles indiscrètes des sentinelles.

« Je partirai un soir, tout de suite après le repas, annonça Pierre confidentiellement à Toussaint. Tu provoqueras une bousculade du côté opposé à celui que j'aurai choisi pour fausser compagnie aux Boches, en profitant de la demi-obscurité de l'heure, tandis que l'on sort du réfectoire pour remonter dans les chambres, de façon à attirer les sentinelles ; je mettrai le temps à profit, et quand elles reviendront au point que j'ai choisi pour m'enfuir, je serai déjà loin.

— Que le Ciel t'entende !

— Je gagnerai la station de Wulfrath et prendrai le train pour Dusseldorf. J'ai dans la mémoire le plan de cette gare, où je suis resté pendant deux heures au cours d'un voyage d'affaires en Allemagne ; je me dirigerai sur Neuss et Gladbach.

— Et ensuite?

— Ensuite, les quinze kilomètres à faire à pied pour entrer en Hollande ne me fatigueront pas, je t'en réponds!

— Tu comptes sans l'émotion qui brise les jambes!

— Je me raidirai.

— Tu n'as pas encore décidé le jour?

— A moins d'obstacle imprévu, samedi prochain. Aux actes décisifs il faut des dates fermes. »

XXXVI

« Mon cher enfant, j'espère que nos derniers colis te sont parvenus, et que nous avons prévu, ta sœur, Blaise et moi, tout ce que tu souhaitais pour toi-même et pour ceux auxquels tu es utile. Blaise se charge des emballages; tout ce qu'il peut faire pour toi et pour nous lui semble une joie, et son visage triste s'illumine pendant ce petit travail.

« Surtout, mon fils chéri, veille sur ta santé! La science médicale ne connaît pas d'autre adversaire que la maladie, et je te prie d'y avoir recours. Tu le dois à l'affection de ta sœur, à la tendresse de ta mère, au fraternel dévouement de notre « adopté ». C'est maintenant ainsi que nous désignons Blaise.

« Je suis heureuse de voir enfin l'hiver toucher à sa fin.

« D'après ton dernier mot (je ne puis dire *ta dernière lettre*), nous avons la certitude que tu as été exposé à bien des intempéries, survenant dans un climat plus rude, alors que tu mènes une vie si différente de celle à laquelle tu étais habitué.

« Prends les précautions nécessaires, évite les imprudences inutiles, je t'en conjure. J'abrège le temps de la séparation en parlant avec Annette de l'heureux jour où tu nous reviendras, et nous joignons à nos espérances celles de toutes les femmes qui attendent dans l'anxiété le moment béni du retour. N'ajoute rien à cette anxiété, mon cher grand! Nous t'embrassons de tout notre cœur.

« Ta mère, Amélie BARTAY. »

« Hem! hem! »

Le crayon levé, prêt à remplir l'office de censeur, le hauptmann chargé d'examiner la double correspondance des prisonniers se demandait sur quelle phrase de cette lettre il allait passer le trait destiné à concourir à la sécurité de la plus « grande Allemagne », afin d'éviter aux captifs les suggestions dangereuses pour le repos de l'empire.

Afin de mettre un terme à ses hésitations, il en référa à un « kamarade » assis en face de lui, et qui, bien qu'il ne fût pas investi des mêmes pouvoirs discrétionnaires, s'associait parfois à sa besogne.

L'officier, dérangé dans un travail de comptabilité, passablement retardé par la lecture des journaux, prit la lettre de Mme Bartay, et la lut d'un bout à l'autre, sans le moindre froncement de sourcil.

« Peut passer, à mon avis, prononça-t-il laconique.

— Un peu trop soucieuse de la santé de son fils, cette Française?

— Toutes les mères en diraient autant. Sentiment international non critiquable; affaire aux majors de ne pas exagérer les soins. La phrase qui les concerne est assez bien tournée. »

Le censeur grimaça.

« Ils ne la verront pas.

— Évidemment! mais il n'y aurait aucun mal.

— Le mal de les flatter; ici on n'est que trop humanitaire. Nous allons être à court de certains médicaments; inutile de les prodiguer aux Français, gardons-les pour les nôtres.

— Alors vous effacez les recommandations maternelles? »

Le crayon s'agitait avec des tournoiements d'oiseau de proie au-dessus de la pauvre lettre qui, de France, apportait la légère trace d'une larme aussitôt comprimée.

« Allons, décidément, je ne supprime rien! s'écria le Boche le bras en l'air. Je préfère que le sergent Bartay excède notre trop complaisant docteur et que celui-ci l'envoie au diable! »

Et ce fut ainsi que, le matin même du départ projeté, Pierre reçut la missive tendre. Sous l'empire de ses préoccupations actuelles, étreint par l'anxiété croissante, énervé par de nouveaux calculs relatifs aux obstacles qui lui semblaient augmenter à chaque minute, Pierre crut lire entre les lignes que sa mère avait deviné ses projets et le suppliait d'y renoncer.

« Pas ce soir, dit-il brièvement à Toussaint.

— Sera-ce pour demain?

— Non.

— Alors tu renonces?

— Je ne sais plus. »

XXXVII

Le surlendemain, l'Italien Bertino accosta Bartay au moment où celui-ci arrivait à la carrière.

« Eh bien! signor sergent, dit-il, malgré la chétive ration de pain noir, la cherté des souliers et la rareté des pommes de terre, je fais bien de garder ici ma troupe de *bambini!*

— Qu'y a-t-il donc?

— Ils étaient six des nôtres, samedi, avant-hier soir, qui, las de la vie que l'on mène à Wulfrath, ont voulu revoir l'*Italia bella*. Jusqu'à Gladbach, tout alla bien; mais, dans la gare, on leur a demandé leurs passeports, et comme ils n'en avaient pas, ils ont été arrêtés. »

Gladbach! la station même où Pierre comptait descendre pour prendre à pied le chemin de la Hollande.

Il tressaillit.

La lettre de sa mère, l'interprétation qu'il lui avait donnée n'étaient-elles pas vraiment providentielles?

Il venait d'échapper sans doute à un grand danger, sûrement à un insuccès fatal.

Peu à peu, néanmoins, l'impression s'atténua, et, le mercredi, il annonçait à Toussaint sa résolution de partir le samedi suivant.

« A tes ordres, mon cher, répliqua celui-ci, mais l'aventure des Italiens devrait t'arrêter net. Elle serait autrement grave pour toi.

— Je prendrai des dispositions différentes s'il le faut. En tous cas, un homme seul risque moins d'être remarqué qu'un groupe de six hommes, lesquels sont déjà bruyants et gesticulants par nature et attirent forcément l'attention.

— J'ai promis de t'aider, je tiendrai ma parole ; mais j'espérais que tu avais renoncé à ta combinaison.

— Je l'ai trop bien préparée. »

Le jour suivant les prisonniers eurent la surprise de voir arriver un détachement venu de Friedrichsfeld à la demande du directeur, qui trouvait encore insuffisant le nombre de bras mis à sa disposition.

Tandis que Bartay s'approchait des nouveaux venus, il retint une exclamation :

Juste en face de lui, les yeux fixés sur les siens, se dressait, pour être mieux reconnu, un des « marsouins » qui avait montré le plus de résolution lors de la malencontreuse tentative du tunnel.

Les regards échangés en disaient long, et, sous un prétexte, les deux hommes se trouvèrent, pendant un instant, isolés des autres.

« Eh bien ! sergent, nous allons recommencer ! s'écria le soldat.

— J'allais partir seul, mon brave Rété, dans deux jours.

— Je vous accompagne.

— Je retarderai pour vous emmener ; les préparatifs ne sont faits que pour moi seul. Il faut prendre le temps de les compléter pour vous. »

Cette fois Pierre s'adressa à ses amis les Italiens pour se procurer le veston, le pantalon et le chapeau nécessaires à la transformation de Rété en placide voyageur neutre ; car, après réflexion, Bartay était revenu de sa première crainte d'être reconnu à son accent et à sa prononciation. Le marsouin et lui se feraient passer pour des habitants de la Suisse française. Restait encore l'aléa des papiers.

Inutile de songer à fabriquer de faux passeports : tous les moyens manquaient, et les tentatives risquées pour se les procurer perdraient tout.

Les nouveaux vêtements avaient été rapportés de la carrière sans donner l'éveil aux sentinelles. Les deux hommes, chacun à une extrémité différente du chantier, étaient parvenus à glisser l'un le pantalon, l'autre le veston, sous ses effets. Le chapeau avait été passablement aplati par la compression qu'il avait subie, dissimulé sous la capote de Bartay, qui, feignant une douleur rhumatismale, marchait tout courbé, produisant ainsi un creux au bas de l'estomac qu'il appelait en riant « l'étui du haut-de-forme ». Cette gaieté avait été de courte durée.

Dès qu'il rentrait dans sa geôle, l'esprit de Pierre était assailli par toutes les difficultés qui se présentaient déjà ou qui pourraient surgir encore.

Bernard Rété et lui avaient procédé à un essayage et rectifications de leurs vêtements, afin que ceux-ci parussent adhérer à leur personne et ne pas trahir leur marque d'emprunt. Il avait fallu découdre pour rallonger et rélargir d'un côté, rétrécir de l'autre. Le Hollandais et le Suisse étaient trop gros. Les Italiens

trop petits et trop maigres. Un chapeau s'enfonçait sur le front, et la coiffe
avait dû être bourrée de papier, tandis que l'autre, trop resserré pour le crâne
du marsouin, s'obstinait à pencher en arrière, au point de descendre sur la
nuque. Un coup de ciseaux habilement pratiqué sous le ruban avait donné le
jeu nécessaire à la position stable.

Que de transes dès qu'un pas retentissait dans le couloir !

Pierre et Bernard en étaient arrivés, dans leur anxiété, à ne plus reconnaître l'une de l'autre la démarche, pourtant bien distincte, de leurs compatriotes et des sentinelles teutonnes.

Tandis que les préparatifs s'achevaient, Bartay observait avec découragement que de récentes précautions étaient prises, dues sans doute à l'arrivée du
dernier contingent. Qui pouvait savoir si les soupçons ne se portaient pas sur
Rété lui-même, dont l'autorité allemande n'ignorait peut-être pas la première
tentative d'évasion, bien qu'il fût parvenu à se soustraire aux poursuites immédiates des Boches ?

Le plan primitif du sergent avait dû être modifié ; mais, cette fois, il possé-
dait une aide précieuse.

Le palier du premier étage de l'escalier d'accès aux chambres des prisonniers était éclairé par une fenêtre donnant sur la route.

Cette fenêtre ne devait jamais s'ouvrir. La fermeture en était même immo-
bilisée par un fil de fer d'environ cinq millimètres.

Une pince que Bernard avait apportée du camp, soigneusement dissimulée
sur lui, en aurait raison.

Les deux captifs, en s'aidant d'une corde, se laisseraient glisser hors de la
fenêtre et atteindraient promptement le sol.

La plus grande difficulté était d'échapper à la surveillance de la sentinelle
préposée à la garde du couloir du deuxième étage, sur lequel donnaient les
chambres, et de n'être pas entendu des factionnaires qui étaient postés en bas.
Ils passeraient malgré tout !

Dans l'espoir que la fête de Pâques pourrait amener un relâchement dans
les mesures prises en vue de resserrer l'étreinte, Pierre et Rété décidèrent de
retarder jusqu'à ce jour l'exécution de leur entreprise.

« Ce sera notre résurrection, à nous ! pensait Bartay ; puisque nous sommes
privés ici de tout exercice religieux, aucun scrupule ne peut nous retenir. »

Les deux hommes résolurent de mettre à profit le temps qui leur restait
pour prendre un surcroît de précautions.

« Non seulement les factionnaires se promènent toutes les nuits dans le
couloir, fit observer le marsouin, mais ils opèrent de fréquentes irruptions dans
nos chambres pour s'assurer que rien d'anormal ne s'y passe.

— Ceci me préoccupe beaucoup, répartit Pierre. L'irruption peut se produire très peu de temps après notre départ, et alors nous entendrons après nous une course éperdue ! En cette saison surtout, il est difficile de se cacher, les arbres étant encore dépourvus de feuillage. Avisons.

— J'ai une idée, reprit Bernard après un assez long silence ; il faut, dès ce soir, sergent, nous enfouir sous nos couvertures et les ramener par-dessus notre tête. Si on nous interroge sur cette particularité, nous répondrons que nous sommes sujets aux insomnies et que l'on nous a indiqué ce moyen d'appeler le sommeil, moyen d'ailleurs assez connu pour que nous n'ayons pas l'apparence de gens qui inventent un prétexte.

— Très bien : le soir du grand départ, nous fabriquerons des mannequins avec nos effets et tout ce qui pourra nous tomber sous la main, pour simuler des formes humaines ayant nos tailles respectives. Les veilleurs y seront trompés. »

La première nuit fut assez agitée. Les sentinelles s'émurent à la vue de ce singulier enfouissement et, à tour de rôle, vinrent secouer les dormeurs.

Le lendemain personne n'y pensait plus. Désormais les deux prisonniers avaient accumulé le maximum de chances favorables.

XXXVIII

« Paris, 22 mars 1915.

« Mon bien cher frère, quand recevras-tu cette lettre écrite d'une main qui tremble encore d'une douloureuse émotion? Notre Blaise vient de succomber!

« La mort qui l'a frappé, « subite et imprévue, » l'a trouvé prêt. Une grande âme a quitté ce corps petit et chétif, dans un élan suprême qui reste pour nous un souvenir de glorieuse pitié et se gravera jusque dans des mémoires inconnues.

« Plus tard tu en sauras davantage, mon frère ; prie avec nous. »

Cette lettre ne devait pas parvenir à celui à qui elle était destinée, et ses débris alimentèrent le feu du bureau de la censure.

. . . .

« Je viens de tracer quelques lignes qui partent en ce moment pour l'Allemagne et qui, peut-être, t'arriveront dans bien longtemps. Tu trouveras ici, sur mon cahier, les détails qui ne pouvaient passer sous les yeux de tes geôliers.

« Les zeppelins, cette nuit, ont survolé Paris, tout menus dans les hauteurs du ciel, puis grandissant progressivement dans le feu de leurs menaces.

« Paris n'a pas tremblé durant cette lutte planée, au-dessus de lui, sous les lueurs tragiques des projectiles fouillant l'atmosphère.

« Paris aveuglé, assourdi, effrayé par les messagers ailés du kaiser?

« Non! Paris animé, Paris fourmillant de noctambules imprévus, de gens qui jamais ne quittent leur chez eux quand la nuit arrive, et qui se précipitaient au dehors pour voir.

« *Pour voir!*

« Ces deux mots très simples, dépourvus de tout complément, sont singulièrement expressifs.

« Ils manifestent le sang-froid de ce peuple que rien ne trouble et n'étonne,
et qui rachète par son courage quelques-unes des faiblesses du dernier automne.

« Sur le Champ-de-Mars, c'était un entrecroisement de feux d'artifices tirés
en sens inverse, retombant du ciel sur la terre.

« Et, malgré les sinistres appels de trompes qui avaient averti la population
de descendre dans les sous-sols, les rues étaient pleines de gens, toutes lumières
éteintes; les grandes lueurs de la guerre étaient devenues le seul éclairage de
la capitale.

« De ma fenêtre, j'ai vu peu de chose; mais nul récit fait le lendemain ne
m'a surprise, tout était pressenti.

« Enfin les deux oiseaux géants ont pris la fuite vers la banlieue nord, dis-
gracieux jusqu'à la difformité, jetant çà et là les bombes dont ils n'avaient pas
réussi à effrayer les Parisiens.

« Au réveil, car je m'étais recouchée et rendormie, même jusqu'à une heure
tardive, je reçus une lettre de Saint-Denis. Elle contenait ces mots :

« Ma chère Annette, vous allez être deux jours sans me voir. Je suis appelé
« par M. Durpal, un vieux cousin de ma mère, qui vient de découvrir, dans des
« cartons, toute une correspondance de famille très intéressante pour moi; il
« m'a prié de venir la dépouiller avec lui.

« Nous sommes trop peu nombreux à la maison pour que je puisse deman-
« der un congé; j'ai donc accepté de dîner et de coucher à Saint-Denis aujour-
« d'hui et demain, et je consacrerai mes deux soirées à ces souvenirs du passé.

« J'espère que vous voudrez bien, mardi, recevoir votre pauvre élève et
« tout dévoué cousin. »

                                        « BLAISE. »

« Dans la matinée, j'appris que l'un des zeppelins avait survolé Saint-Denis
et y avait jeté quelques bombes. Voulait-on faire subir à l'abbaye royale le
sort de la cathédrale de Reims?

« La nécropole après l'église du sacre? mais la pensée ne me vint pas que
notre adopté eût pu courir le moindre danger.

« A midi, je recevais le télégramme suivant :

« Blaise supplie sa consine Annette de venir à l'ambulance de X... sans
retard. »

« Comme signature un nom inconnu.

« Une heure après, j'étais en face de l'enfant exsangue, mourant, mais illu-
miné !

« J'ai pris ses mains dans les miennes, j'ai embrassé ce front aussi blanc qu'un linceul, et, dans un irrésistible élan de cette maternité qui, pour les jeunes, sommeille dans le cœur de toute femme, tutoyant Blaise au seuil de son éternité :

« — Pour ta mère, » lui ai-je murmuré.

« Et serrant doucement les doigts presque raidis déjà, j'ai ajouté :

« — Et pour Pierre, qui, au retour, sera ton grand frère ! »

« Blaise a regardé le docteur et l'infirmière qui se tenaient à côté de lui, et leur a dit, la voix très faible, sans aucun trouble :

« — Apprenez à ma chère cousine que je n'ai que très peu d'heures à vivre, elle ne me croirait peut-être pas. Et contez-lui tout. »

« Quelle expression dans ce mot « tout », quelle ampleur lui donnait ce souffle mourant !

« Ce fut l'infirmière qui parla, une femme jeune, avec de grands yeux cernés qui révélaient autant de fatigues que de douleurs. Quel deuil portait-elle sous sa blouse blanche? Quels crêpes remplaçaient, au dehors, sa coiffe chiffrée de la Croix-Rouge?

« Le matin, de très bonne heure, des hommes d'un poste voisin avaient amené dans leurs bras Blaise ensanglanté. Ils l'avaient trouvé dans une rue voisine gisant sur le sol, sans connaissance.

« L'un d'eux avait eu la manche inondée du sang qui s'échappait de la poitrine fracassée de la victime.

« On avait immédiatement examiné l'enfant, sondé la blessure, mais sans le rappeler à la vie.

« Vers 9 heures, il avait entr'ouvert les yeux et porté autour de lui un regard vague qui, peu à peu, s'emplissait d'étonnement à considérer toutes ces choses inconnues; puis il avait pu parler, très peu : on veillait à ce qu'il ne fît aucun mouvement. Il donna son adresse, dicta l'appel que j'ai reçu.

« Il expliqua sa matinale sortie : il voulait assister à la messe et avait quitté dès l'aube la demeure d'un parent chez lequel il avait passé la nuit.

« Ne connaissant pas la localité, il avait dû faire un assez long détour et pensait enfin être arrivé auprès de l'église. Un grand bruit avait résonné au-dessus de sa tête. Puis il ne se souvenait plus de rien.

« — Il a été frappé par des shrapnells, ajouta l'infirmière. On ne peut les extraire. D'où proviennent-ils, de l'attaque ou de la défense? »

« Les prunelles de Blaise se sont alors ranimées :

« — Qu'importe! a-t-il prononcé avec une énergie dont sa faiblesse semblait incapable, je meurs frappé par un projectile de guerre. Je meurs pour mon pays! Annette... je meurs comme un soldat sur le champ de bataille! »

« Mon fils, dit-il, je vous apporte Celui qui est la Voie, la Vérité, la Vie... »

« Quelle fierté et quel rayon de joie sur ce chétif visage sans couleur !

« Oui, pauvre petit Blaise, dont l'armée n'a pas voulu, tu es mort revêtu de toute la force, de toute la beauté fière du guerrier tombé au champ d'honneur !

« Il m'a dit :

« — Vous ne verserez pas une larme, Annette, et cependant vous aurez envie de pleurer, car vous aviez une tendre compassion pour le douloureux que j'ai été... Mais celui-là a disparu de mon être disgracié. Ce n'est pas l'adolescent difforme et pitoyable qui va rendre le dernier soupir, c'est un *homme* qui meurt de la mort de ceux qui portent les armes ; et vous, chrétienne et Française, vous prierez pour lui avec un cœur viril ! »

« Il cherchait à se redresser, emporté par l'intensité du sentiment qui brûlait en lui.

« Nous avons dû le recoucher doucement, et non sans effort, pour ne pas froisser ses membres déchiquetés. Alors j'ai vu les bandages dont il était cuirassé, au travers desquels giclait un filet de sang.

« — Du calme ! implorait l'infirmière.

« — Un prêtre ! ai-je murmuré à son oreille.

« — Il s'est confessé ; on va lui apporter le saint viatique.

« — Oh ! en hâte ! »

« La tête était renversée, les paupières s'abaissaient, le souffle devenait plus haletant.

. . . .

« L'aumônier de l'ambulance entra, apportant l'hostie ; un vieillard tout courbé, qui donnait aux soldats blessés le reste de ses forces.

« — Mon fils, dit-il, je vous apporte Celui qui est la Voie, la Vérité, la Vie...

« — Mon compagnon dans le grand voyage vers l'éternité. »

« Les mots sortirent des lèvres blêmes nets et ardents, empreints d'une foi magnifique.

« Ce furent les derniers...

« Blaise ne semblait plus vivre que pour consommer l'Eucharistie. Il s'éteignit doucement, tandis que le Christ descendait dans sa poitrine. Longtemps je priai à genoux près de la couche funèbre sur laquelle on l'avait transporté. Je sortis enfin de l'ambulance, angoissée par la pensée de l'affliction de ma mère : elle s'attachait de jour en jour davantage à ce troisième enfant.

« — Demain, me dit l'infirmière en me reconduisant, nous l'envelopperons dans les plis d'un drapeau tricolore. »

« Je lui ai serré la main en silence, la remerciant d'avoir deviné le vœu suprême de Blaise. »

14

XXXIX

Le jour de Pâques, l'aube de la Résurrection! La fête sans office n'apportait aucun réconfort aux prisonniers français, entassés pendant de longues heures à leur étage, et cependant une lueur filtrant à travers les mémoires évoquait les Pâques joyeuses des enfances lointaines, les églises des villes et des villages remplies par les fidèles, le renouveau des campagnes et des jardins, les premières fleurs qui porteront leurs fruits, le vert duvet du sol, précurseur des moissons futures. Et peu à peu les entretiens s'engagèrent, l'animation parut sur les visages. A parler du passé, on se reprenait à espérer dans l'avenir.

Pierre et Rété avaient pu se procurer un fil de cuivre recouvert d'isolant, et, dès le matin, s'étaient servis, pour remplacer le fil de fer qui maintenait la fermeture de la fenêtre, de cet autre lien d'aspect identique, plus facile à enlever à la main, précaution qui devait leur éviter une perte de temps considérable.

Dans l'après-midi, tandis qu'un camarade veillait à la porte, tous deux revêtirent les vêtements civils acquis avec tant de peine et les recouvrirent de leurs uniformes; puis, découpant en bandelettes la plus épaisse des couvertures de lit, ils commençaient à tresser une corde assez résistante pour supporter le poids de leurs corps, lorsque la porte s'ouvrit subitement, donnant passage à un soldat allemand.

Un soldat allemand!

D'un commun accord les prisonniers avaient déclaré que celui-ci, Fritz Holmutz, ne serait jamais qualifié, par eux, de « Boche ».

Nature exceptionnelle parmi ses compatriotes, il s'ingéniait à rendre service aux Français et atténuait, lorsqu'il était de garde, les rigueurs des règlements.

C'était un vieux territorial à face de brave homme, occupé de ses devoirs
de famille durant les rares loisirs que lui laissait le service de l'Allemagne ; il
l'avait prouvé en installant à Wulfrath femme et enfants, qui, en ce jour de
fête, avaient obtenu la permission de pénétrer à l'étage clos et de rendre visite
aux captifs.

« Je vous amène tous les miens, herr sergent, déclara-t-il, en démasquant
avec orgueil un monôme de grosses têtes blondasses, aux yeux de faïence
bleuâtre, aux joues pourpres, solidement établies sur de larges épaules, et qui
défilait par rang de taille, jusqu'à la plantureuse « fraü », leur mère, endiman-
chée de couleurs voyantes, près de laquelle se dressait le sous-officier de service chargé de surveiller les visiteurs et leurs hôtes.

Les yeux ronds considéraient les prisonniers avec curiosité ; évidemment
on s'attendait à voir des hommes chargés de chaînes, le front abattu dans les
mains, inertes et muets !

« Vous êtes mariés, messieurs ? » demanda fraü Holmutz avec un mouvement de tête circulaire qui voulait être un gracieux salut.

Cette question occupait évidemment la première place dans l'esprit de la
mère de famille.

Trois Français, comprenant à peu près l'allemand, répondirent affirmativement.

« C'est très, très bien. Je vous félicite. Mais les femmes sont bien malheu-
reuses quand leurs maris vont à la guerre ! »

Cette phrase fut accompagnée d'un soupir, d'ailleurs désintéressé, son époux
à elle n'ayant couru aucun risque depuis la mobilisation.

« Et vous, herr sergent, vous n'avez pas dit...

— Je ne suis pas marié, madame, je vis avec ma mère et ma sœur.

— Ah ! ça c'est bien aussi ! »

Après avoir décerné ce brevet de haute moralité, fraü Holmutz ajouta :

« Vous vous marierez sans doute à la paix, ainsi que vos autres compatriotes ?

— C'est probable, madame.

— Vous avez de bonnes nouvelles de votre famille ? »

L'interrogation nuancée de pitié se renouvela pour chacun, tandis que le
sous-officier allemand, muant sa raideur de corvée en amabilité, offrait des
cigares à la ronde, en commençant par « son kamarade Bartay ». Il émettait
l'opinion, qui d'ailleurs restait sans écho, que la situation des prisonniers de
guerre était bien préférable à celle des soldats au front.

« Vous ne manquez de rien, vous êtes chauffés, bien logés et pas de
shrapnells ! »

Il exposait sans doute ses impressions personnelles, plutôt dépourvues d'héroïsme.

Rété glissa vers Pierre un long regard chargé de malice gouailleuse qui signifiait :

« Il sera fixé demain sur notre façon d'apprécier sa manière de voir! Quelle tête il fera! »

La visite prit fin peu avant l'heure du repas, et ce fut avec une hâte impatiente que les deux fugitifs achevèrent de tresser leur corde pour descendre exactement avec leurs compagnons à l'heure du dîner.

C'est le moment critique : 8 heures du soir!...

Un train s'arrêtait à 8 h. 40 à la gare de Flandersbach, à trente minutes du casernement.

Les effets militaires, sauf la capote qui dissimule l'habillement civil, sont enlevés avec prestesse.

Linge, vêtements, tout ce qui tombe sous la main de Bartay et du marsouin leur sert à fabriquer le mannequin enfoui, comme ils l'étaient eux-mêmes chaque nuit sous les couvertures, et qui, donnant le change aux Boches, retardera la poursuite.

Les deux hommes se précipitent dans le couloir. Pas une minute à perdre pour arriver à temps à la station. La sentinelle a le dos tourné. Sans bruit, ils se glissent dans l'escalier et gagnent le premier étage.

En un clin d'œil la fenêtre est ouverte. Bartay se penche au dehors. Personne sur la route, la nuit est presque tombée. Jetant sa capote, dont il s'est débarrassé en hâte, il enjambe la fenêtre et s'engage sur le cordon de pierre qui règne à la hauteur de l'appui. Rété, chargé de la corde, s'apprête à le suivre.

Le sergent avance lentement, tâtonnant pour saisir un crampon de fer fixé dans le mur, à peu de distance de la fenêtre, qu'il avait repéré d'avance pour servir de point d'attache à la corde.

Il était indispensable d'éviter une descente directe qui eût fait tomber les fugitifs en face des soldats allemands, réunis très souvent derrière la fenêtre correspondante du rez-de-chaussée.

Pierre a gagné enfin le crampon et le saisit, voulant instinctivement s'assurer de sa solidité, mais à peine l'a-t-il touché que le crampon se brise... La barre de fer n'était qu'une mauvaise latte de bois!!!

La secousse lui fait perdre l'équilibre. Malgré son effort désespéré pour se maintenir sur le cordon, sentant qu'il va choir en arrière, la tête la première, et s'abattre sur le sol, il se tourne à demi et s'élance dans le vide.

Un bond de six mètres, qui lui semble interminable.

Il tombe sur ses pieds, droit d'abord, puis ses jambes fléchissent; une violente douleur tenaille son genou droit.

Le danger ranime sa vigueur, il se relève, jette un regard de tous côtés, et, n'apercevant personne, court s'abriter dans l'angle du bâtiment situé en face, de l'autre côté de la route. Là il attend Rété, en proie à de vives souffrances qu'aiguise l'anxiété.

« Je vous amène tous les miens, » déclara-t-il.

Le marsouin n'a rien perdu des incidents de cette scène, et sa décision est prompte.

Attacher la corde à la barre d'appui, passer, malgré tous les risques, devant la fenêtre du rez-de-chaussée. Mais à peine est-il arrivé au milieu de sa course que la corde casse brusquement, et il tombe sur le dos.

Une seconde plus tard, il est debout et a rejoint le sergent.

Tous deux observent la route. Elle est libre. Ils s'élancent dans la direction de Flandersbach, à toute allure malgré leurs contusions, mais en évitant de faire résonner leurs pas.

Seules, deux jeunes filles sont arrêtées à une courte distance du casernement. Ont-elles perçu le bruit des chutes? Ont-elles vu les ombres courir pour se blottir dans leur cachette? Non, sans doute, car elles continuent à s'entretenir ensemble et ne témoignent nulle curiosité. Celles-là ne donneront pas l'éveil. Pendant deux cents mètres encore, les évadés avancent. Tout à coup Bartay s'arrête, la douleur qu'il ressent est si vive qu'il ne peut plus marcher.

Rété l'aide à s'asseoir au bord de la route. La situation est angoissante. En vain Pierre supplie-t-il son compagnon de partir seul, le marsouin s'y refuse.

Pour la seconde fois, tous deux ont réuni leurs destinées pour la bonne ou la mauvaise fortune; ils partageront l'une ou l'autre.

Ils délibèrent, la poitrine étreinte, la voix rauque. Vont-ils se constituer prisonniers?

Quelle humiliation nouvelle! A quelle punition vont-ils eux-mêmes se livrer? Mais alors, puisqu'ils ne peuvent fuir, faut-il réintégrer le casernement?

Ils étudient la question; plus encore que celle de l'évasion, elle est difficile à résoudre.

Non, il faut marcher, marcher à tout prix! Le sort de Rété est lié au sien, et cette pensée décuple la volonté de Pierre; il y joint celle des suprêmes espoirs du retour en France, la joie d'embrasser sa mère et sa sœur, à la tendresse desquelles il a failli être enlevé pour jamais.

Il tend ses nerfs avec une telle force de volonté qu'il parvient à faire le reste de la route au pas gymnastique.

Les voici à proximité de la station.

Encore un instant, ils vont y arriver, gagner le quai. C'est le salut!

Encore trois minutes!

Déjà ils entendent la rumeur du train pénétrant dans la gare. Ils se hâtent, ils courent, hors d'haleine.

Luttant contre la douleur, Pierre étouffe un cri. Oh! ce cri, il est prêt à le transformer en hurlement de désespoir!

La locomotive dérape, après un arrêt d'une minute.

Bartay ne se tient plus debout. Pour la seconde fois, il vient s'écrouler au bord de la route.

Là, grâce à la lampe électrique, Rété et lui constatent, sur l'indicateur qu'ils ont emporté, qu'un train part à 10 heures de Wulfrath pour Dusseldorf.

Une heure de marche, et le retour à travers la zone dangereuse, où, malgré leur déguisement, ils peuvent être reconnus. N'importe, ils tenteront tout. En route!

Le passage devant le casernement les rassure. Un calme normal y règne. L'espoir revient avec plus d'intensité. Des plaisanteries leur échappent sur la vigilance des sentinelles qui, conscientes de leurs devoirs, se penchent au-dessus des mannequins boursouflant les couvertures, pour vérifier si le sergent Bartay et le soldat Rété ne se sont pas enfuis.

Le marsouin a une idée subite. Deux heures précieuses ont été perdues, il en fera perdre autant aux Boches !

Agile, il grimpe au long d'un des poteaux, et coupe les fils télégraphiques qui relient les établissements de Wulfrath à la gare. La disparition des fugitifs ne pourra être signalée que par courrier.

La fête de Pâques anime la contrée. C'est un va-et-vient de soldats et de civils qui passent et se croisent dans l'ombre, et, dans l'ombre, les deux Français se glissent sans attirer l'attention.

XL

Le train entre en gare.

La poitrine haletante, Bartay se précipite au guichet et demande deux billets pour Dusseldorf, exagérant le laconisme, voilant sa prononciation d'un accès de toux. Ce retard, qui eût pu les perdre, les sauve. L'employé n'a pas de loisirs à donner à la méfiance, il délivre les billets avec un :

« Vous n'avez que le temps de monter! »

Dans la bousculade, les fugitifs sont comprimés, cachés, perdus, mais obligés de rester debout. Bartay s'arc-boute comme il peut. Maintenant la douleur, abolie pendant l'échauffement de la course, revient plus lancinante.

Dans le wagon, des soldats étaient en grand nombre; parmi eux, des groupes de jeunes gens de quinze à dix-sept ans portaient un uniforme spécial.

« Des enfants de troupe ou des élèves d'une école de préparation militaire? se demandait Bartay. L'Allemagne envoie-t-elle déjà au feu la classe 1919. »

Le reste des occupants était composé de femmes de tout âge qui, sans doute, avaient été passer un congé pascal en famille.

Les évadés se tassaient, debout, somnolant en apparence, évitant tout geste qui eût pu provoquer une interrogation funeste, toute réponse, si courte fût-elle, pouvant les trahir.

Le voyage leur semblait interminable. Gagné en réalité par la somnolence qu'il avait d'abord affectée, Pierre, dans ses soudains éveils, se croyait revenu aux heures lamentables de son premier transbordement en Allemagne.

Dusseldorf! Enfin!

La descente au milieu de la foule, l'étude rapide du tableau des heures de trains pour Krefeld. Bartay se souvenait très nettement des moindres détails de cette gare, où il était venu jadis au cours d'un voyage d'affaires, en des circonstances si différentes, et qu'il avait, en vue de l'évasion dont la pensée le hantait, soigneusement observée de nouveau en allant de Friedrichsfeld à Wulfrath.

Deux heures à passer à Dusseldorf. Le séjour dans les salles d'attente pouvait présenter de graves inconvénients; un entretien provoqué par d'autres voyageurs, la méfiance de quelque employé, ou le désir de l'un d'eux de se faire bien voir de ses chefs en témoignant un zèle plus marqué, pouvait être dangereux.

Rété suivait Bartay à quelque distance pour attirer moins l'attention, et en même temps éviter qu'une réflexion échangée instinctivement entre eux les pût trahir.

Pierre s'était dirigé vers la sortie. Il ne souffrait presque plus de sa jambe, sous l'empire de la réaction heureuse. Il avait enfin exécuté la première partie de son plan.

Le marsouin le rejoignit dehors, et, tous deux, plus en sûreté dans les rues, et attentifs à garder le silence, parcouraient la ville si animée que l'on ne se fût pas douté qu'une terrible guerre était déchaînée à la même heure, entraînant la nation allemande dans les remous des catastrophes.

Des officiers et des soldats circulaient avec la même allure qu'en temps de paix. Des femmes en toilette sortaient des théâtres et des cinémas, escortées d'hommes d'un âge mûr ou de tout jeunes gens.

Les devantures étincelaient encore de lumières, malgré l'heure tardive, les magasins de primeurs offraient l'aspect d'une chatoyante exposition, les pâtisseries regorgeaient de gâteaux et de victuailles consommés sur place, ou emportés en paquets ficelés par les noctambules.

Quel contraste entre ce luxe et la croissante misère des prisonniers et même des habitants de Wulfrath!

De retour à la gare, les deux Français circulent sans être nullement remarqués au milieu des soldats, des agents de police et des gendarmes qui remplissent le hall. Au passage, cependant, un surveillant semble les dévisager.

Leurs craintes anxieuses ont sans doute exagéré l'expression de ce regard, pendant un instant arrêté sur eux. Nulle observation ne s'ensuit. Ils peuvent continuer leur route sans être inquiétés, et traversent les souterrains qui aboutissent au quai; le train qui va les conduire à la dernière étape du parcours dangereux, entrepris avec tant d'audace et au prix de tant d'émotions et de secousses physiques, est déjà rangé.

Au moment où Bartay va monter dans le wagon dans lequel le marsouin l'a précédé, un soldat, qui descend d'un train en face, lui adresse la parole.

Troublé, Pierre ne comprend pas très bien l'objet de la question? A tout hasard, il répond par un « ya » un peu voilé et se jette en voiture.

Des jeunes gens fort en gaieté l'occupent. Le sergent regrette la foule précédente, où lui et son compagnon étaient si bien cachés.

Rété s'était mis en tête d'ouvrir une portière afin de mieux respirer, acte qui faillit avoir des suites funestes. Tandis, qu'il prend l'air frais, les voyageurs protestent. L'un d'eux est fort sujet aux névralgies, il réclame violemment. Le marsouin d'abord n'entend pas, puis enfin il comprend que l'on s'adresse à lui, et se retourne avec une telle vivacité que Bartay tremble qu'il ne laisse échapper quelque exclamation... bien française !

A force de gestes, Pierre obtient le silence, puis, muet, se glissant près de son camarade, d'un mouvement sec et rapide il clôt la portière et, l'entraînant un peu plus loin, lui conseille tout bas de faire semblant de dormir. Les jeunes voyageurs, après avoir remercié Pierre de son intervention, paraissent désireux de s'entretenir avec lui ; soudain sa tête retombe sur sa poitrine en se balançant suivant le rythme de la marche du train, et il donne l'impression très réelle d'un homme endormi.

A Krefeld il se redresse dans un prompt réveil bien simulé, secoue son camarade, et descend avec lui précipitamment, sans avoir prononcé une seule parole.

La sortie de la gare s'opère sans difficulté, tout comme à Dusseldorf, malgré la diminution du nombre des voyageurs, qui facilite pourtant la surveillance.

Enfin tous deux sont dehors et, à l'aide de leur boussole, cherchent la direction de l'ouest, afin de sortir de la ville inconnue par le bon côté.

Les voici dans la campagne. Il est minuit passé.

« Ne vous semble-t-il pas, sergent, qu'il y a vingt-quatre heures que nous avons dégringolé le long de la muraille des Boches? s'écrie Rété.

— Quarante-huit, mon ami!

— Souffrez-vous beaucoup?

— N'en parlons pas. J'oublie!

— Allons, en route pour couvrir nos trente kilomètres, et, au bout, la liberté!

— Voici comment nous allons procéder. Nous nous arrêterons tous les quarts d'heure, au jugé, pour examiner la boussole avec la lampe électrique et rectifier la direction s'il est nécessaire. Nous marcherons l'un derrière l'autre ; et chacun examinera la route du mieux qu'il pourra au milieu de l'obscurité.

— Pas très facile.

— Et très fatigant. Aussi, nous relayerons-nous.

— Puisque vous « oubliez » votre genou, sergent, ne serait-il pas bon d'alterner une marche soutenue avec un temps de pas gymnastique qui nous ferait rattraper les minutes de stoppage exigées pour étudier la boussole ?

— Parfaitement.

— « Parfaitement bien, » comme disaient nos camarades russes, à Friedrichsfeld !

— Friedrichsfeld ! Tous les souvenirs d'évasions me reviennent à la mémoire. Vous savez, Rété, que la plupart des fugitifs ont été pris dans les villages qu'ils ont traversés parce que les habitants les avaient devinés, ils les ont livrés.

— Je le sais bien. Nous contournerons les moindres agglomérations. »

La marche commence, rapide et pourtant si pénible.

Malgré sa résolution de vaincre la douleur, Pierre, qui souffre plus qu'il ne veut le révéler à son compagnon, est forcé de prolonger chaque arrêt. Sa jambe, bientôt, refuse tout service.

La première fois qu'il est ainsi maté par la souffrance, une sueur froide l'envahit ; il tremble malgré lui. S'il est dans l'impossibilité de continuer sa route, que vont-ils devenir ?

Rété ne voudra point partir seul. Il l'en suppliera de nouveau. L'espérance en Dieu domine toute angoisse, et lui redonne un calme qui le surprend.

Un léger mouvement instinctif pour se remettre en route ; le genou craque et fonctionne de nouveau.

Quatre heures du matin. .....

Les évadés sont dans une ignorance totale du lieu où ils se trouvent, mais, à n'en pas douter, ils sont près de la frontière.

Suivant leurs calculs, ils ont fourni une course de sept kilomètres à l'heure.

« Il est prudent d'abandonner les routes, déclare Bartay, elles vont devenir dangereuses à la pointe du jour. A travers champs, nous raccourcissons la distance par la ligne droite. »

Tous deux obliquent dans les terres labourées, détrempées par des pluies récentes.

Si la distance est abrégée, la marche est retardée. Parfois ils enfoncent jusqu'à la cheville.

Au bout d'une demi-heure environ, le marsouin, qui est en avant, s'écrie :

« Un cours d'eau !

— Longeons la rive ! Si nous ne trouvons pas de pont, nous découvrirons une barque. Les habitants de ce pays ont un moyen quelconque de traverser la rivière. »

Vaine recherche.

L'obscurité règne toujours, impossible même de distinguer l'autre bord.

Un seul moyen se présente à l'esprit des fugitifs. Ils ne peuvent *passer sur* le cours d'eau ; ils *passeront dedans*, à la nage !

Sans se dépouiller du moindre de leurs effets, ils entrent résolument dans l'onde, qui bientôt atteint les genoux, puis la ceinture ; heureusement, constatent-ils, la profondeur n'augmente pas.

Ils vont droit devant eux sans rencontrer l'autre berge.

Une odeur nauséabonde pénètre dans leurs narines.

Hélas ! les malheureux sont engagés dans les boues liquides d'un marais infect, et déjà ils sont loin de leur point de départ.

« Que faire ? »

La question angoissée sort des lèvres de Pierre et parvient à son compagnon, qui, à l'aventure, cherche à se rendre compte des profondeurs.

« Avancer, sergent, en nous méfiant de la vase qui nous happerait comme un requin en pleine mer ! Essayons de nous en tirer. Le jour va paraître et nous y aidera. Qui sait ? peut-être même serons-nous hors d'affaire avant l'aube. »

Traînant leurs jambes glacées, alourdies, ils errent, obliquent, font des détours qui les placent dans la mauvaise direction. Bartay étudie fréquemment sa boussole.

Enfin, la blanche lueur de l'aube éclaire un bourbier sans fin, recouvert d'une eau saumâtre, dont on ne peut apercevoir les bords.

Tout à coup, Rété jette une exclamation.

« Nous sommes en Hollande !

— Comment ?

— Pays marécageux, la Hollande, sergent !

— Le marécage peut chevaucher la frontière, et nous pouvons y être pris. Notre présence semblerait singulièrement insolite. Il faut avancer coûte que coûte.

— C'est avancer dans l'inconnu.

— Si immense que soit ce marécage, il a pourtant des bornes.

— Notre malchance en aura aussi.

— Très bien, Rété. Allons, ne perdons pas confiance !

— Puisque nous ne connaissons pas la route d'avant, reprenons celle de l'arrière. A l'est ! »

Le jour est tout à fait venu. Malgré la fatigue, le froid, la faim, les évadés pressent le pas.

Dans les joncs qui bordent le marais et qu'ils ont atteints, ils aperçoivent une sorte de chemin, dont ils vérifient aussitôt la direction : le nord.

Ils sont sauvés !

« Un chemin aboutit toujours quelque part, » dit Bartay en mettant pied sur la terre ferme, quoique encore boueuse.

Longtemps ils suivent ce tracé rudimentaire, et gagnent enfin une voie plus large qui traverse le marais et mène vers l'ouest.

Malgré la boue humide qui adhère à leurs vêtements, les fugitifs accélèrent encore leur marche.

La blanche lueur de l'aube éclaire un bourbier sans fin.

Bientôt ils vont rencontrer un village, trouver une demeure hospitalière où ils pourront se réchauffer, se sécher, s'alimenter sur la terre de Hollande.

Mais devant eux se dressent des pylônes de transports électriques, en tout semblables à ceux qui jalonnent les routes d'Allemagne.

Il faut redoubler de prudence.

L'aspect bizarre qu'ils présentent sous leurs vêtements maculés et ruisselants d'eau les trahira. La voie est libre jusqu'à perte de vue. Encore une heure peut-être avant de risquer une rencontre fatale.

Les champs reparaissent après les terres marécageuses. Les évadés s'y

engagent. Le sol est coupé de bois et de boqueteaux rompant la terne monoto--
nie qui obsédait leurs yeux.

Devant eux, des maisons groupées. A mesure qu'ils avancent, ils constatent
une véritable agglomération. Une ligne de chemin de fer traverse la campagne.
Ils aperçoivent une petite gare en bordure des habitations les plus rapprochées.
Rien dans son aspect ne rappelle les gares allemandes.

Le cœur palpitant, Pierre déploie sa carte sur les bras étendus de son compagnon, et, à l'aide de sa boussole, l'étudie fébrilement.

Ce lieu doit être situé à proximité de Venloo, ville hollandaise.

La frontière a donc été franchie sans qu'ils s'en soient aperçus ?

Sans nulle précaution ils se dirigent vers la gare, où le personnel semble
très animé.

Employés, douaniers, aiguilleurs examinent curieusement ces hommes, dont
toute la partie inférieure du corps est couverte de boue.

Les fugitifs, confiants, avancent toujours. Ils sont près de la station, ils vont
trouver le repos avant le départ libérateur. Ils lèvent les yeux pour lire sur la
façade du petit monument le nom qui restera gravé dans leur mémoire, et qui
marquera dans leur vie l'heureuse étape de la réussite, la dernière étape de la
captivité, la première étape vers la France.

Kaldenkirchen! Gare frontière, mais gare allemande!

« Je viens de voir ce nom sur la carte, dit Bartay en reprenant subitement
espoir après le premier choc de la déception. Nous sommes à deux kilomètres du but !

— N'allons pas échouer au port, sergent! Ces cheminots boches nous
regardent un peu trop, et, à vrai dire, nous avons bien la tenue de gens qui
s'enfuient sans nul souci de la propreté des voies de communication !

— Retournons sur nos pas comme des hommes dont la curiosité est maintenant satisfaite et qui n'ont aucun intérêt à se diriger du côté de la frontière ; il
faut éviter les conversations à tout prix. »

D'une allure tranquille, ils gagnèrent le bois le plus voisin et s'y enfoncèrent.

« A présent, changement de direction, loin des yeux bienveillants des
douaniers!

« Suivons la ligne du chemin de fer à distance. »

Le petit bois les abrite pendant quelques minutes seulement, et les a
dérobés à toute observation.

Ils marchent à découvert en prenant soin de se dissimuler le mieux possible,
profitant des taillis, des bas-fonds, des fossés, qu'ils suivent pliés en deux, pour
s'y dissimuler.

Ils ont perdu de vue la route, et de nouveau sont obligés d'examiner le terrain.

A une distance moyenne de l'endroit auquel ils se trouvent, les fugitifs repèrent une ligne jalonnée de guérites noires espacées l'une de l'autre de deux ou trois cents mètres.

Des sentinelles se promènent en longueur.

La frontière ! Ah ! elle est bien gardée !

« Il faut attendre la nuit, suggère Bartay, nous nous abriterons dans les bois.

— Et nos estomacs, sergent, auront-ils tant de patience ? Si nous retournons en arrière pour chercher des vivres, nous sommes perdus !

— Qui sait si le repos ne va pas engourdir mon genou à tel point que je ne puisse plus en tirer le moindre effort, réfléchit Pierre. Ne perdons pas l'élan. Nous touchons au but, gagnons-le ! Passons, coûte que coûte ! En nous dirigeant droit entre deux guérites, nous profiterons du moment où les sentinelles en seront le plus éloignées. »

Ils sont enfin presque parvenus à l'alignement...

Un Boche sort de la guérite de gauche. Il est à cent mètres d'eux.

Sans paraître le remarquer, en paisibles promeneurs, les deux Français passent la ligne des abris des factionnaires.

Soudain des soldats qu'ils n'avaient pas aperçus débouchent à cinquante mètres devant eux.

Un mouvement de recul. Tout est perdu !

Mais les évadés regardent plus attentivement les uniformes. Ils ne présentent aucune des particularités trop connues des prisonniers.

Ce sont des Hollandais !...

Bartay et le marsouin, palpitants de joie, s'approchent du groupe.

Le factionnaire allemand court derrière eux.

Trop tard !

Interpellés par les gardes néerlandais, les Français ont satisfait à leur interrogatoire.

Ils passent, après avoir reçu les explications nécessaires pour atteindre Venloo.

Un cri de suprême reconnaissance s'échappe de leurs lèvres. Maintenant, ils sont libres !

De par Dieu ! et pour la France !!

FIN

928   95   6

38394. — TOURS, IMPR. MAME.

www.ingramcontent.com/pod-product-compliance
Lightning Source LLC
Chambersburg PA
CBHW060027100426
42740CB00010B/1620